U0788268

让你的客户每天都增长

[美] 瑞克·卡波兹（Rick Capozzi）_ 著
马斐儿 _ 译

THE GROWTH MINDSET

Leadership Makes
a Difference in Wealth Management

中信出版集团 | 北京

图书在版编目（CIP）数据

让你的客户每天都增长 /（美）瑞克·卡波兹著；
马斐儿译. -- 北京：中信出版社，2019.7
书名原文：THE GROWTH MINDSET
ISBN 978-7-5217-0648-2

Ⅰ.①让… Ⅱ.①瑞… ②马… Ⅲ.①金融管理
Ⅳ.① F830.2

中国版本图书馆 CIP 数据核字（2019）第 095795 号

THE GROWTH MINDSET by Rick Capozzi，ISBN：9781119422013
Simplified Chinese translation copyright © 2019 by CITIC Press Corporation
All Rights Reserved. Authorised translation from the English language edition published by John Wiley & Sons Limited. Responsibility for the accuracy of the translation rests solely with China CITIC Press and is not the responsibility of John & Sons Limited. No part of this book may be reproduced in any form without the written permission of the original copyright holder, John Wiley & Sons Limited
本书仅限中国大陆地区发行销售

让你的客户每天都增长

著　者：[美] 瑞克·卡波兹
译　者：马斐儿
出版发行：中信出版集团股份有限公司
（北京市朝阳区惠新东街甲 4 号富盛大厦 2 座　邮编　100029）
承 印 者：北京诚信伟业印刷有限公司

开　本：787mm × 1092mm　1/16　　印　张：18.75　　字　数：210 千字
版　次：2019 年 7 月第 1 版　　印　次：2019 年 7 月第 1 次印刷
京权图字：01-2019-3186　　广告经营许可证：京朝工商广字第 8087 号
书　号：ISBN 978-7-5217-0648-2
定　价：65.00 元

版权所有·侵权必究
如有印刷、装订问题，本公司负责调换。
服务热线：400-600-8099
投稿邮箱：author@citicpub.com

目　录

今天成功的财富管理需要强有力的领导力来建立客户关系，并构建完整的财富管理计划，从而实现客户的生活目标。今天，顾问必须是领导者。这是毫无疑问的。

第二部分
增益你的财富管理业务

为什么你无法成为首席顾问？你可以采取什么措施成为客户的首席顾问？你能为客户提供哪些额外的建议、服务和解决方案？记住，财富管理的核心是建立一个良好的、充分整合的计划，以实现客户的长期财富目标。

第三部分
客户真正需要什么？

高净值客户什么都想要。卓越的服务、有价值的建议、业绩表现以及百分之百的透明度。他们希望你能提供帮助他们实现目标和梦想的一体化建议。因此，财富管理是一场事先就明确目的地的旅程。旅程中最重要的部分是弄清你的目标是哪里，你将如何到达那里。

引　言

愿景通常不会像闪电一样突然出现。相反，它是生命在面对挑战的过程中缓慢孕育的结晶，直到我们有一天认识到它其实是一颗美丽的钻石，对于我们自己和他人来说都价值连城。

——迈克·诺伍德

在财富管理行业中，提供可行的建议和优质的客户体验是我们能做的最基本的改变，而这些改变将对顾问在服务高净值客户市场的过程中扮演的角色以及对客户的作用产生深远的影响。随着婴儿潮一代（1946—1964 年，美国出生的人）年龄的增长以及他们的资产传承，财富正在进行历史上最大规模的转移。以机器人和虚拟顾问为代表提供自动化建议、基于算法的投资组合管理的在线服务，以及其他许多因素都将成为金融服务业的重要干扰。面对这种混乱，财富管理行业未来必然要求顾问和管理者能够起到发展、引领和服务的作用。那些既能提供简单投资解决方案，又能提供整体和个性化建议的顾问将脱颖而出，利用变化赢得高净值客户市场的最大份额。

在过去的三年里，我目睹了该行业的很多变化，但从没见过像现在这样巨大的变化。这场变革的浪潮已经向金融业的“海岸线”迈进，它会吞没那些没有准备好面对挑战和颠覆性变革的业内人士。如果你正在阅读本书，这就意味着你想在当前的困境中生存下去，并对我们面前“海平面”的变化产生积极影响，从而让你的业务有所发展。当然，很多人可能还没有准备好。整个行业的领导者都面临着成本削减、缺乏差异、竞争加剧、技术变革以及需求复杂且苛刻的全球客户，这使得财富管理的未来需要领导者和顾问的成长，以及他们对基础事项的掌握。未来财富管理的业务模式将集中在为客户提供定制化服务上，从而让客户最终受益。高净值客户并不关注成本，而专注于价值。本书能帮助作为财富管理从业者的你从人群中脱颖而出，使你不仅仅能通过提供投资建议，还能通过向客户展示你的价值，赢得客户。

颠覆，就像海啸一样，可以形成一个快速上涨的浪潮，产生巨大的冲击力和破坏力。只有强有力的领导者才能在这种颠覆中幸存。从实力的角度看，领导者必须与当前的力量抗争，并采取适当的应对行动，而只有伟大的领导者才能做到这一点。这种类型的领导力绝对是一个想要成功的组织或个人所需要的。

无论你做什么，都不要让你自己或你的公司成为自满的牺牲品。许多领导者和公司在入行 7~10 年的时间里就会遭遇瓶颈期。如果是这样，你就可以采用那些在本书中最能与你产生共鸣的原则并付诸实践，带领团队攀上高峰，取得更大的成功。

行业挑战和颠覆

对于一个领导者来说，最大的动力是新挑战，最大的负担是不安全感。一个人是否愿意面对未来的挑战，是带着自信、乐观的健康心态迎战，还是悲观、怀疑地退缩，都将决定成败。你如果是自己公司的首席执行官或首席投资官，可能就需要花费大量的时间来制定战略，这个战略不仅能使你的公司成长，而且能保护你的客户和员工。法规、移动平台、云存储、人工智能、区块链技术和网络安全是当前一些热门话题。我们正处在令人难以置信的快速变化之中，跟上这种节奏需要大量的思考和行动，时间也不允许我们落后，它要求我们投资企业，吸引合适的人才。

在过去 34 年的金融服务业从业经历中，我在与最杰出的公司的高层管理人员合作时，见证了适应变革的重要性。在与几乎所有高层领导和几乎所有岗位的人交流之后，我见证了一个与我以前的所见所闻完全不同的时代，在这个时代中，我们的服务被颠覆性的技术商品化了。这种颠覆带来的挑战十分现实，并势必引起我们岗位的变化，因为技术带来了新对手，竞争日益激烈。新对手用全新的技术吸引我们现有的客户。历史上有不计其数的看起来不可一世的公司，因为无法有效地应对变革，最终消失。缺乏正确的领导力，即无法面对以下挑战的领导者，将无法有效地应对变化。

- 顶尖人才之战
- 能让当前商业模式过时的新技术

- 被动或积极的资金管理
- 具有颠覆性的金融科技机构
- 费用的压缩和利润的减少
- 不断升级的监管格局
- 精明且有价值意识的投资者
- 日益加剧的艰难竞争

金融科技行业承诺提供比传统的投资咨询模式更有效的金融服务，以更好的数据报告、更高的透明度和更简化的流程增强客户体验。过去 50 年，我们在大多数情况下对资产管理和财富管理行业都非常友善的环境中运作。但今天，我们面对的是能处理大量信息的自动化投资平台、从主动管理到被动管理的转变、费用和利润的压缩，以及近 5 年里发生的比过去 40 年都要大的监管变化。客户越来越成熟，他们几乎可以获得所有信息。因此，未来的客户会要求你创造基于合理费用的价值，而那些不能提供价值的人将被迫降低服务的费用或从事其他行业。例如，投资管理服务不应该是未来唯一的核心价值主张，否则你的服务将会变得更加商品化。因此，如果投资管理服务是你唯一的价值主张，那么你只能开展价格上的竞争。

作为一名顾问，你有责任保持产品创新、流程创新和服务创新的优势。你有责任带领你的客户和你的团队找到能帮助你赢得眼前战斗的商业模式。对于团队成员来说，如果他（她）愿意适应、发展和学习我所说的增长心态，就可以引领行业发展，变得与众不同。

本书最重要的主题之一就是，你不会因为一个很高的头衔而自然而然地成为一名领导者。我们都碰到过那些完全不称职，却因为某些原因而获得了权威地位的人。领导力不能单纯地用向你汇报的人的数量或你在推特上的粉丝数量来衡量。我意识到（我相信你们中的很多人还没有意识到）领导力不是一种可以被赋予的能力，而是一种必须通过行动来赢得并展示的能力。领导力是你影响和说服周围人的能力、运用高情商的能力、产生正确判断的能力，以及在没有人看到的情况下做出艰难选择的能力。多年来，我从投资顾问那里学到了比我的上级更多的领导力技巧。这些顾问不需要头衔，因为他们从一开始就是领导者，他们有要遵循的原则和正确的价值观。

> 我们通过利用机会而不是解决问题来得到结果。
>
> ——彼得·德鲁克

我们不会对任何新进入财富管理行业的玩家感到吃惊。因为这个行业投资资产近 17 万亿美元，年均增长率达到 8.4%，财富管理已经成为金融服务领域最具吸引力的分支，尤其是在高净值客户的服务中，全球的资产规模高达 57 万亿美元。

更不足为奇的是，科技又一次掀起了财富管理行业的变革浪潮。我们那些聪明的、成熟的客户，总是希望能够利用新技术和新玩家的优势。

根据咨询公司 Capgemini 的咨询报告，竞争的加剧以及财富管理行业的其他最新趋势已经带来了自动化顾问、预测性分析等变革，它们有利于提高客户体验效果，同时促进财务规划和咨询工具的运用，提高财富管理能力。

许多人认为，科技公司对财富管理的兴趣直接威胁着传统的投资咨询模式，这是正确的。如果我们的新竞争对手能够以极具竞争力的成本提供更好的服务，那么我们的客户为什么要和我们合作？我们最好做到心中有数。找到正确的解决方案可能意味着我们需要重新定义我们的价值主张，为了保持竞争力而必须持续创新，并重新为提升客户体验而投资。你如果还不能确定这些，就问问你自己：人工智能会在不久的将来取代你所做的事情吗？算法能取代投资组合管理的终极责任吗？软件能提供可以替代你的解决方案吗？这已经不是未来的事了，它们就发生在现在。我们生活在一个人类大脑每次最多处理 140 个字符的劳动力市场中。未来，投资咨询顾问将利用数字化的劳动力和工具来创造更好的客户体验和更高的效率，并占领更多的市场份额。我们要做的就是看看周围的环境，看看实体模式是如何被数字模式取代的：一次又一次点击，取代实体模式的“一砖一瓦”。

不管你今天的业务做得有多大，你的商业模式都需要不断发展，包括采用自动化技术或者将耗费时间的工作（比如投资管理）进行外包。你应该在你的企业中运用新技术，从而创造更大的规模和更高的效率，同时也让你有更多的时间来建立和深化各类关系。我们不仅面对着一个老龄化的客户群体，而且自身还有一个老龄化的顾问群体。因此，在任何一个团队中，考虑客户的下一代都是非常明智的，因为他们将继承数十亿美元的资产。这个新的客户基础［X 一代（出生于 20 世纪 60 年代中期—70 年代末期的一代人）和 Y 一代（1983—1995 年出生的人）］需要的将是不同的客户体验。新技术将允许你通过各种渠道进行实时运作。现在，与下一代建立联系的时间已经到了。

富有领导力的回应

面对这些迫在眉睫的威胁，我们只有一种回应：那些财富管理部门的领导，只有接受这种增长心态，才能继续参与竞争，赢得比赛。这样，你会做好应对任何可能抛向你的问题的准备。一个习武的人问大师："大师，你为什么教我战斗，却总讲和平？"大师回答道："在花园里做一个战士比在战争中做园丁更好。"你如果相信我们处在争夺客户资产、留住客户资产、留住顶尖人才的竞争中，就会带着目的性、紧迫感和专注力去工作。你可能是一个拥有精良盔甲和武器的和平战士，但你已经做好了战斗的准备，以保护你的事业，保持这种增长。但你要怎么做？你可能需要投资新技术，从而为你的业务提供不同的价值建议和控制成本；你可能需要改进你的价值建议和服务模式；你可能需要对你的团队进行严格评估，以判断他们的技能是否过时；你可能需要对客户进行更精细的划分；你可能需要重新评估你与时间的关系，以及你是否把它花在了高回报项目上；你可能需要考虑合伙或收购；你也可能选择为自己工作，因为你的领导才能和你的人际交往技巧已经达到了顶峰。但最重要的是，我们要认识到这是与人打交道的业务，而我们是需要与他人合作的人。我们需要在技术上保持领先。科技创新正在改变我们这个行业，但更重要的是，我们需要继续利用情商、创造力和协作等技能。

尽管技术已经消除了许多中等水平的工作，但高级管理人员的薪酬却在上升，因为情商、创造性思维和预判等技能仍然供不应求。

——科恩·费雷，《经理人招聘》

简单地说，作为领导者，我们需要继续成长。在本书中，我想与大家分享我通过研究行业内卓越领导者而获得的见解，这样你就能更有效地应对所有可能遇到的问题，包括技术进步和其他竞争问题。过去的 10 年，科技的进步和财富监管的变化提升了财富管理过程的透明度，这意味着客户可以获得他们需要的所有信息。因此，信任扮演了更重要的角色。现在，人们对费用、投资组合以及其他可能涉及顾问与客户关系的事项的透明度提出了一定要求，下一代人还会对它们提出更高的要求。

在我自己的财富管理生涯中，我受到了拥有不同背景、不同文化、不同商业模式的不同领导群体的影响。我想和你们分享我在工作中看到的这一切。作为领导者，他们错过了很多做正确的事情、创造更高的价值、使他们领导的人和他们所服务的人的生活变得不同的机会。抓住这些机会是至关重要的，而且机会的重要性只会变得越来越大，因为技术将继续影响财富管理服务，影响服务的交付方式。

世界比你想象的更需要被塑造，它正在等待你的大锤改变它的形状。

——波诺

在 34 年的从业经历中，我曾在有线电视网、注册投资顾问（RIA）、独立经纪交易商和银行信托机构等渠道中，与约 42 000 名财富管理顾问和经理共事；我也曾在多则拥有 86 000 名员工，少则只有 25 名员工的公司中，和来自北美洲、欧洲、澳大利亚和亚洲的经理和顾问一起工作。我们的每一次互动都有其独特的一面——不同的结构、不同的平台、不同的流程和服务——每一次互动都能体现出不同文化之间的差异。

然而，有一种事物是始终不变的。这种事物能创造出不同的商业成果，也能使人们的生活完全不同。它就是领导力。成功的领导者需要做到两点：一是在基础事务上做到卓越；二是通过行动来获得成功。成功不是幻想得到更好的结果。成功的领导者之所以能获得更好的结果，是因为他们坚持了正确的基本原则：文化、愿景、战略和把正确的人放在正确的位置上。

我讲的是一种非常特殊的领导力，我把它称为增长心态领导。

管理者的五种类型

根据我在美国的工作经历，我在财富管理行业观察到了5种类型的管理者。顺便说一下，我所指的管理者既包括那些管理着2万名员工的人，也包括只管理3名员工的人。学术界已经建立起自己的一套管理者分类方法，也有成千上万种书详细描述了不同类型管理者的特点。不管你是一个团队的领导、一个分支机构的经理、一名市场经理、一名部门经理，还是一个合伙人，也无论你是一个注册投资机构的首席执行官，还是一个大公司的首席执行官，在本书中你都可以按照如下类型归类：

- 一个具有增长心态的领导者
- 一个管理员型的领导者
- 一个喜欢指挥和控制员工的领导者
- 一个自由放任的管理者
- 一个受害者型的领导者

你如果想要确定并坚定地引领这个充满创新的时代，就需要增强自己的增长心态，而本书将告诉你如何做到这一点。书中的原则是已经经过证明的，是我 34 年的磨难、拼搏、努力和磨炼的结晶。正是这些磨难与拼搏把我带入了世界上最成功的财富管理公司，在那里我能观察到第一手的、我现在称之为富有增长心态的领导行为。管理员型的领导者大部分时间都处于本能的自我防御模式，喜欢让自己忙于工作，专注于业务的稳定，从不挑战现有的模式。喜欢指挥和控制员工的领导者往往用铁拳来控制权力，横行霸道的人通常喜欢采用这种模式。自由放任型的领导者更希望成为每个人的朋友。受害者型的领导者则不愿意承担责任，他们喜欢责怪其他人，没有勇气做正确的事情，只在竞技场外玩耍，很快做出判断，并喜欢指指点点，他们是消极的领导者，对任何组织都具有破坏性。

要想在任何学科（也包括领导力这门学科）做到精通，我们都需要注意力、好奇心、纪律、知识、耐心、时间和实践。虽然我无法做出保证,但我相信这些概念将快速地使你的组织和你自己拥有领导力。接受我的这些理论并不容易。你如果是一个新手领导者,就需要内省,并有想要与众不同的强烈愿望。如果你长期处于领导岗位，我希望这些想法会对你的生活、你的团队成员和客户的生活产生积极的影响。

当你考虑自己想成为什么类型的领导者，想要采取增长心态的时候，我建议你敞开心扉，让自己接受新想法和做法。我特别希望你能掌握本书传递的信息，并能使用如下工具：

- 以开放的心态阅读本书。这是成长和继续提高的唯一途径。
- 寻找本书中与你产生共鸣的东西，开始尝试新事物。利用页边的空白做一些笔记或标记。

- 考虑如何应用书中提到的每一项原则或建议。
- 注意你的信仰体系，避免迅速地否定一个想法。
- 开始行动。

听而易忘，见而易记，做而易懂。

——孔子

什么是增长心态？

一个具有增长心态的领导者能做到改进、引领和服务。正如我的一位朋友所说的："我每天早上起床时都能感觉到自己在成长。"具有增长心态的人认为，持续的成长和改进是有可能的。具有增长心态的人会对自己的生活负全部责任。他们相信，只要有正确的动机和相关的技能，任何人的潜力都是无限的。我们不需要花很长时间就能找到生活中抱有这种心态的人。具有这种心态的人也有一种好奇心，他们对各种可能性都敞开心扉，有积极的心态，渴望学习和改变。简而言之，增长心态能促进人们的个人素质和专业水平持续成长。

大多数顾问（在本书中，顾问包括财务顾问、投资组合经理、关系经理、信托顾问和业务发展的专业人员）在从业 10 年后都会进入平稳期。他们通过 10 年的努力工作，使自己处在财务上的舒适区。经过这些年的艰苦奋斗，他们希望收获劳动果实。他们相信自己已经掌握了关于业务的所有知识，并进行"巡航控制"。我把这类人叫"巡洋舰"。这不是增长心态，而是一种求安稳的心态。这样的心态最终会导致人们退步。相反，那些具有增长心态的人总是试图发挥他们的全部潜力，总是富有创造力，并具有吸引力。他们始终在寻找更好地为客户服务的方法。具有增长心态的人总在寻找新挑战，他们始终抱有希望，永不放弃。顺便说一下，如果你是“巡洋舰”，这也没关系，因为我不是来下定论的。但我希望你能学习一些具有增长心态的领导者的特点。

在过去的 25 年里，我一直痴迷于研究为什么有些人会成功，而有些人会迷失方向或者从来都没有找到正确的原则，以及有些人是如何从受害者型领导者转变为喜欢控制他们的业务和生活的领导者的。一开始，作为一个年轻的顾问，我在没有经过系统性培训的情况下开展我的工作。那时我养成了每天提出问题、观察成功的顾问每天都在做什么的习惯。我很快就知道，这些成功的顾问专注于实现他们的目标，也会毫不犹豫地保护他们的客户。他们确实与众不同，他们考虑生意的方式也是不同的。成功的顾问享受竞争，他们有一种与众不同的信仰——发生了什么非常重要，如何应对也同样重要。我相信刻苦的工作和努力行动会把强有力的领导者和其他人区分开。最重要的是，成功的顾问拥有惊人的适应力。市场调整、重要客户的流失、管理模式的改变和个人挫折，都不能阻碍他们前进。他们从自己的经验中学习并继续成长，他们具有一种不断成长的增长心态。

在我还是一名 23 岁的年轻顾问的时候，我不像其他一些朋友那样，拥有可以帮助我开启事业大门的贵人。那时候，我知道开展业务的唯一方法（也是我学到的唯一方法）就是不断地打推销电话。我这么做了，但业务量增长缓慢。那时候，我非常享受把“不”变成“可以”的过程。我喜欢同大家交谈，现在也是这样。那时候我拼命赚钱，拼命建立自己的人际关系网。我不认为这些词是贬义的，因为拼命赚钱的人有着充沛的能量，也可以一直保持警醒。我下定决心要在事业上有所建树，所以在开始的 15 年里，我几乎每周六都在工作，并在 25 年里每周都有 3 天工作到深夜。周末，我会把时间花在阅读年报、报刊和书籍上。开车的时候，我喜欢听一些有声图书，并把这些书下载到我的 iPad（苹果公司的平板电脑）里。

高中的时候，我的老师和教练帮助我培养了自己的增长心态。我的足球教练、摔跤教练和田径教练都让我坚信，只要我努力了、付出了，任何事情都有可能发生。感谢我的队友和教练，他们让我成为一个具有美国州级水平的后卫。我从中感受到了团队工作的力量，并随时注意自己的自负。在我进入财富管理行业之后，我很快意识到，没有导师的帮助与引导，业务会变得更难。因此，我总在寻找可以扮演我导师角色的人。他们也告诉我，只要我努力工作，夯实自己的知识基础，扩展自己的事业范围，我就会成功。早年间，导师们传授给我的那些宝贵的经验教训，至今让我受益匪浅。

贯穿本书的主旨之一，就是根据自己的情况安排自己的生活。这意味着需要找到一个商业模式，它可以让你每天兴奋地爬起床，并确立一个有意义的目标。如果你是一位从业时间更久的顾问，那么我认为本书能鼓舞你迎接一些新挑战，比如，开始带领或教导年轻的顾问，把自己的业务推向新高度，因为只有你自己才能调整航行的方向。

本书先后聚焦于软实力、愿景、有效沟通、未来财富管理模式、吸引高净值客户，以及建立客户忠诚度，招聘、组建和打造最棒的团队。投资管理非常重要，已经有成千上万种相关图书做了介绍。但是，顾问真正要做的是提供切实的解决方案，而不仅仅是提供产品或平台。

这里的区别就在于顾问所关注的焦点。

我帮助别人成长的热情已经存在很多年了。看着他们达成自己重视的目标，我的精神备受鼓舞。在经历了30年的工作、教学和演讲之后，我仍然会被那些已经从业40年或50年，还能倾听我演讲的人感动，因为他们仍然抱有很强的好奇心，仍然想学习一些新东西，让自己更好地为客户服务。这些人是有增长心态的人，不论是在办公室里还是办公室外，不论是在个人方面还是专业方面，他们都带着热情，享受富裕的生活。如果在他们周围待的时间足够长，你就会被这种心态感染。本书会给你一个把业务带向新高度的蓝图。这个蓝图将从目标、愿景和增长心态开始（见图1）。

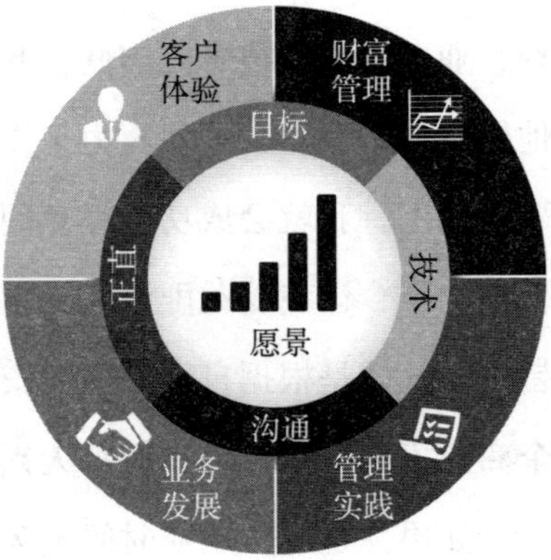

图1　成功的财富管理模型

根据我多年的经验，成功的模式具有两类特征：商业特征和个人特征。商业特征包含财富管理、管理实践、业务发展和客户体验；个人特征包括目标、技术、沟通和正直。本书依据这个模式开展讨论。所有事物的起点是一个愿景。那些拥抱变化、适应新现实的顾问相较于他人有了更大的优势。2017年1月14日的《经济学人》

杂志刊登了一份特殊的报告——《终身学习》。此报告阐述了如何在诸多已经存在自动化工作的行业内生存下去，必要的技能之一就是学习新技能。财富管理行业也不例外，需要财务顾问不断地重新学习。

第一部分

财富管理：领导力让你与众不同

21 世纪，领导力一词已经成为流行语。谁能成为领导者？最好的领导者应该具备什么素质？领导力是与生俱来还是后天形成的？毫不意外，关于领导力的图书遍布大街小巷。随着市场变化速度不断加快，我们正在寻找适应、改进工作方式和提高业绩的方法。在现有的关于领导力的 2 万多本书中，我们很难找到一个在过去 2 400 年间伟大的思想家和哲学家都没能提出的理念。因此，我不打算调整方向，只是尝试分享那些被证实的领导策略，来帮助大家实现商业愿景。这些策略基于我的研究和我过去 34 年的经验——不是基于咨询的结果，而是基于街头采访，以及我与顾问、经理和客户并肩工作的经验。

在财富管理行业中，领导力非常重要，因为整个行业正经历一场革命。一般来说，财富管理顾问根据客户的反应提出建议和做出行动，在这样的背景下，今天成功的财富管理需要强有力的领导力来建立客户关系，构建完整的财富管理计划，从而实现客户的生活目标。今天，财富管理顾问必须是领导者，这是毫无疑问的。

从人类历史的角度来看，我们是如何生存和进化的？数百万年来，人类依靠狩猎、采集生存，然后在几千年前进入农业时代，在几百年前进入工业时代，在几十年前过渡到信息时代。如今，我们面临着增长时代。每一个转变都比之前发生得更快。每一个新阶段的演进，都需要强有力的领导者去学习，以适应更快速的变化。

本书的第一部分重点在于找到并确定能让你从美国 30 万名顾问中脱颖而出的

领导特质。从交流到合作，从创建愿景到建立文化，从招聘到培养，从勇气到放权和感恩，这些都是后续章节中的关于领导力的主题。第一部分包含的内容以我过去 34 年的观察为基础，并与最成功的领导者是如何成功的，以及今天他们是如何开展财富管理业务的有关。第一部分的主题围绕为高净值客户提供真正的一体化、协商化和定制化的解决方案。我强调，顾问要与客户建立深层次的关系，不应该仅仅专注于一两笔交易。你可以在你的业务中运用新技术，从而扩大规模，提高效率，这将使你有更多的时间来建立和增进关系。你可能需要重新评估你与你生活中的其他人，以及团队成员的关系。这个过程的关键是确保你在评估你自己，评估过程的重点是关注你的软实力和内部沟通。在整个过程中，我们都在建立自己的信仰体系，摆脱心中的恶魔。

正如我们建立整体客户关系一样，我们同样需要以相同的方式建立与顾问的关系。多年来，我看到很多战术性的投资计划无法长久地持续下去，因为该类计划缺乏愿景、目标和战略。许多顾问都在做同样的事情，却又期待不同的结果。这时，领导者的特质就比以往任何时候都重要，因为咨询业务在我们做出改变前就已经开始发生转变了。传统、单一的资产管理业务仅仅与投资解决方案有关。未来的财富管理建议需要更大的广度和更深的深度，它应该包括负债、税收、房地产规划、保险需求、医疗保健计划、预算和支出控制、现金流分析和遗产规划等方面的内容。过去，客户寻求投资的超额回报，所以他们用超额回报的大小来区分不同的财富管理顾问。未来的业务将围绕帮助客户实现他们的目标——所有的目标——而展开。因此，领导层需要制定正确的目标和策略来适应需求的变化，从而占据更大的市场份额。

第一章
有效沟通激发行动力

沟通最重要的事就是听出弦外之音。

——彼得·德鲁克

没有沟通，成长就无从谈起。拥有增长心态的领导者都很善于沟通，这意味着他们既是伟大的聆听者，又是出色的故事讲述人。掌握沟通艺术的能力就是你最有用的工具。我们怎样影响并说服他人？我们可以把自己的地位、权威、经验、技能和知识当作工具。这些都很重要，但是它们只是等式的一半，仅有它们，很多人无法成为沟通高手。人们忘记了或者不明白自己说话的内容很重要，自己表达的方式、时间和地点也很重要。其中，表达方式包括你的举止、时机、口音、语调和肢体语言。你只有真正了解了自己沟通的内容，才能与有效沟通更近一步，而不仅仅停留在“开口说话”的水平上。请把你的焦点更多地放在你的表达方式上。我们推销自己以及自己想法的能力，在财富管理中至关重要。

聆听并理解

领导力不是独白，而是与人对话。这需要你问出令人信服的问题，然后认真聆听对方给出的答案。伟大的领导者是敏感的听众。他们能迅速地抓住他人的情感需求并做出恰当的反应；他们能很快与对方建立融洽的关系；他们有强大的洞察力，能找到彼此共同的利益，并让彼此的情感相连。如果你已经在财富管理行业工作了一段时间，我相信此时你会对自己说，沟通当然很重要，也是基础性的。是的，沟通是基础，并且每个人都知道这一点。为什么我还会在第一章就提到它？尽管大多数管理者和顾问都认为沟通是业务的关键，但是我仍然惊讶地发现，他们中有很多人无法做到有效沟通。我们的语言表达的是一回事，而我们的肢体语言却表达了不同的内容。人们在说话之前如果没有深思熟虑，就会在错误的道路上越走越远。客户总是被误解，因为他们的顾问或管理者没有花时间聆听，更没有学会如何积极而直接地倾听。今天，科技使发送短信或电子邮件变得非常容易，但财富管理顾问的业务对象是有血有肉的人。我在抛出一个问题后，看着对方的眼睛，通过眼神交流，就能获得阅读 20 多封电子邮件才能得到的信息。这也是为什么我把沟通称作一门艺术，这是在上千场客户会面以及与他人实地交流的经验的基础上得出的，“我们可以改进”就是最有效的工具。理解和被理解是一件美妙的事情，而这需要我们掌握沟通的基础。

首先，大多数时候，我们在听到信息之后，就会对对方真正的意图做出假设。每个人说的话都可以被做出各种解读。比如，如果我对你说：“鲍勃，你的领带很有趣。”99% 的情况下，当我对同事这么说的时候，我都得到了同样的回复——“谢谢”。但是，我没说我喜欢这条领带，也没说我不喜欢它。所以，我表达了什么？什么都没有表达。一个更好的答案或许是“你说领带‘有意思’是什么意思”。如果一个潜在的客户说“我厌恶风险”，我们不能简单地回应“哦，好吧”，更好的答案应该是“请就这一点对我再讲一下”或者“你的意思是什么”。我想说的是，我们必须停止假设或误解客户所说的话。要想做到这样，我们就必须放慢速度，停止喋喋不休，通过继续发问把洋葱层层剥开。

询问自己：

- 当别人讲话的时候，我是在倾听还是只关注自己的回答？
- 我的焦点是讲话的人，还是考虑下一步做什么？
- 我真的抓住并听懂了弦外之音吗？
- 我读懂他们的肢体语言了吗？

当人们说话的时候，仔细倾听。

——海明威

表达清晰

卓越的领导者能清晰地沟通，用明确的方式表达自己的想法，不让人产生疑惑。领导者可以帮助人们理解大局、得到启发，在共同愿景中执行命令。

在高效的会议中，我使用的双赢模式包括如下要素：对最终目标的清晰认识，认真做好工作计划，了解会议的目的，进行苏格拉底式的提问，发现你能为对方做的事，以及选择一个良好的会议地点（一个能产生更高效率的环境），并做后续跟踪（见图 1–1）。美国每天都有上百场这样的会议，但都因为缺乏沟通型领导者而没有明确的目标、有效的行动，甚至会议内容也无法使人受到鼓舞。

图 1-1　双赢模式

思考以下问题：

- 成为一个善于讲故事的人。从第一个坐在火堆旁分享自己故事的人开始，人类讲故事的基因就已经根深蒂固。人们永远不会忘记好故事。你需要使用生动的描述，运用修辞手法来激发人们丰富的感情。一个讲故事的高手理解他的听众，无论对方是一个人还是 1 000 个人。下一代高手还能利用视觉手段讲述故事。
- 知道如何保持精练，少即是多。
- 请注意，做一个讲故事的人和做媒体顾问是不同的。媒体顾问永远不可信，而讲故事的人不仅让别人信任，还能激励听众。

我们不论说话还是写作，都要保持简洁。我们每个人都处在一个充满挑战的商业环境中，要处理海量信息，所以不要增加任何不必要的难度和复杂性。成为一个有效的沟通者需要时间和经验积累，而这些不是你自然而然就能够具备的。你可以在优步或TED演讲（美国一家私有非营利机构）上面观看这些伟大演讲者的视频。在这些顶尖的演讲者里面，有一个名叫查理·罗斯的人。他会提前做好功课，提出合理的问题，让对方充分表达，这些都使他成为伟大的聆听者和沟通者。如果想成为更好的沟通者，你就需要开始关注自己的沟通方式，并且下决心做出改进。如果无法找到自己的缺点，你就可以用手机把自己说话时的样子录下来，我保证你能从中发现一些可以改进的地方。

一个出色的沟通者

多年来，我很荣幸能与一些杰出的领导者共事，他们中的许多人都是非常优秀的沟通者。这些人中的佼佼者有瑞银公司前首席执行官乔·格拉内。他是我的朋友，也是业内最好的领导者之一。

乔是在瑞银公司处于低谷时加入的。他在各种环境中都表现出了自己的勇气。事实上，危机越大，乔就越平静。他给人的感觉是一切都会好起来的。他总是用开放透明和真实可靠的方式进行沟通。

一次，在由大约400名顶级顾问参加的高级别会议上，乔宣布了一项薪酬调整方案。他告诉在场的顾问，他们如果想赚和去年一样多的钱，就需要更有效率。面对如此情境，其他首席执行官或类似团体的领导者起码会面对全场沉默，或者得到一些强烈的反馈。

乔得到的却是全场起立鼓掌。他是我知道的唯一一位能得到如此反馈的人。乔的秘诀是什么？

他对人总是很诚实，也不会歪曲事实。他关心人，也能鼓舞人。他的话都是发自内心的，并愿意冒个人风险去做正确的事。每个人都知道乔在背后支持自己。作为回报，包括我在内的所有朋友都会支持他。他让我们感觉到大家是一个整体，大家是伙伴。

我用一个案例告诉你乔有多在乎他人。我的心灵在母亲去世时饱受折磨——我的母亲是我的良师益友。乔花了很长时间跟我谈他自己的悲伤经历，并给予我支持和建议。之后，他给我写了一封很长的信，信中包含很多内容，我很感动。我可以坦诚地说，他的话给了我很大安慰。乔有那种理解别人的能力。

乔是一个特别的人，也是一名伟大的沟通专家。

销售会议：卓越的领导者不会浪费任何人的时间

事前做准备对有效的沟通有利。有增长心态的领导者重视自己以及他人的时间。作为一个领导者，有效沟通会对你的信誉和效率的积累有直接帮助。每次会议都有机会对沟通产生影响。如果你只是敷衍，那么这种影响会表现出来。这就是为什么只有20%的投资顾问的会议报告值得人们花一些时间阅读。以下是我们组织有序、有效率的策略会议或销售会议时需要考虑的一些建议：

- 一定要有议程。在每次会议之前，花费一些时间准备会议议程。
- 用一点儿时间回顾上次会议的内容。
- 做适当的预告，简要介绍会议期间将要讨论的议题。
- 更新市场和你的业务表现：不论是好的、坏的，还是难看的。

- 定期安排会议，并准时开始和结束。
- 有讲义，并要让一些顾问分享他们的想法。
- 争取每个星期都邀请外部嘉宾进行演说。
- 会后征求与会者的反馈意见。
- 在会议中和会议结束后显示强大的领导力。
- 明确你想要人做什么，以及为什么这样安排。
- 始终抓住机会认识正确的行为和取得的成果。
- 强化你正在努力打造的文化。

重要的是，对你的顾问要谈的内容进行指导。确保他们关注关键点。限制每位发言人的时间，每人 5 分钟。

重要的是要真诚，要让自己做好准备，因为真相可能会伤害你。当你寻求反馈时，你会听到好消息和坏消息。我每次开会都会调整自己的会议方式。我希望别人期待这些会议,所以我必须调整我的演讲,让它包括有效的内容，并删除无效的内容。我希望在散会的时候，每个人的心中都有一些切实可行的想法，这些想法能在帮助他们成长的同时，使他们更好地服务客户。

不要为了仅给几个人传递信息而发起一个消极的话题。这对于会场内的其他人来说是浪费时间，因为你完全可以和这几个人单独开会交流。

后续跟进：感谢信就像魔法一样

每次会议结束后，你都要把亲手写的感谢信送给特邀演讲者和所有参与演讲的顾问。一封简单的感谢信会让他们知道自己做得很好，你很感激他们。这样做似乎很老套，但它能产生巨大的影响，给他人留下深刻的印象。感谢信会让人感觉自己没有被忽视。

赢得人心

如果自己没有掌握沟通这门艺术，你怎么能培训其他顾问，让他们更快地与客户进行顺畅的沟通，建立信任和融洽的关系呢?

既然我现在是一名职业演讲家,那么我就给你们提一些个人建议:

1. 我们的业务是赢得人心。我总是从情感、内心开始。我关注肢体语言和任何能让我了解与我说话的人的内心的线索。我总是保持敏感。不管对方是一个人还是 1 000 个人，我都想办法与他们的内心连接起来。

2. 培养一种亲密感，让房间里的每个人都感觉你好像在直接与他（她）说话。撇开政治因素不谈，比尔·克林顿和奥普拉·温弗瑞在这方面做得就非常出色。

3. 伟大的沟通者能仔细观察他们的听众，从而迅速地与他们建立联系。开口之前，你一定要弄清楚你的听众是谁，尽量不要仓促地调整你所说的内容，但是，如果需要调整的话，一定不要产生歧义。

4. 我让自己做到完全透明，真实可信。永远不要低估你的听众，如果你不诚实或不可信，那么他们很快能意识到。

5. 我释放自己的能量，释放的能量又能使我产生更多能量。任何力量的过度使用都会变成弱点。因此，不要把太多精力放在“被所有人喜欢”上，那是一个业余演讲者常犯的错误。做你自己，学习如何成为伟大的演讲家。

6. 在登台之前，我已经在脑海中反复地将内容演讲很多遍了。我进入了一种状态、一个空间，没有什么能阻挡我前进的道路。我会尽量避免与思想消极的人进行交流，尤其是在演讲之前。

7. 使用例子和比喻来说明你的观点。将复杂的思想如抽丝剥茧般分解，再用简单、易懂的方式把它们传递给听众。

8. 你想让人们如何评价你和你的演讲？我喜欢人们说："瑞克是可信的，他没有曲解任何东西，他是鼓舞人心的，他是有能力的。"在你准备演讲时，一定要想好自己希望听到怎样的评价。

9. 我从不谈论我不太了解的事情，也从不假装知道我不知道的事情。我可以坦然地承认"我不知道"。

10. 我的演讲从不涉及讽刺、政治或宗教内容。我总是尊重观众，不假装知道他们的背景或个人经历。我从不参与争论，因为大多数时候，那些参与争论的人都是受害者，他们只是想向别人证明自己有多么聪明。争论是在浪费时间，也会使你偏离主题。

鼓舞人心：以身作则

> 欲变世界，先变其身。
>
> ——甘地

一个有效的沟通者可以激励人们采取行动。当然，激励人最好的方法是用清晰和热情的语言表达内心，然后以身作则。言行一致不是我们每天都能看到的。

和平时期，几乎任何人都可以成为将军。当情况变得艰难时，真正的领导力才会显露出来。当你情绪低落时，你仍然被视为领导者，仍然需要保持良好的判断力，执行一些艰难的决定。

伟大的领导者感动了我们。他们点燃了我们的激情，激发了我们最好的一面。当我们试图解释有效的原因时，我们会谈到战略、愿景或坚定的意志。但真相其实更原始。伟大的领导者通过情绪工作。

——丹尼尔·戈尔曼，《情商4：决定你人生高度的领导情商》

询问自己：

- 压力下我的表现如何？
- 我如何传达我们的愿景？
- 我如何激励他人实现目标？
- 我需要用什么来激励自己？

你如果是一名领导者，就已经成了带头的榜样。这意味着你有责任达到或超越你为下属设定的标准，无论你的下属有3个人还是3 000人。你要一周全天候负责任，你要能做到任何你要求别人做到的事情。如果你因为有其他事情而倾向于取消与客户的约会，那么我强烈建议你定期与客户见面。我不在乎你是不是世界上大型公司的首席执行官，办公室内的任何人都必须会见客户。任何人都不应该在不了解如何赢得客户的时候，躲在幕后做决定。我每年会见数百位高级别领导者，我经常问他们两个问题：你多久会见客户一次？你花多少时间辅导或指导他人？他们的反应给了我很多关于领导风格的线索。

以身作则是最有效、最有力量的领导策略。你如何对待别人，如何认识别人，如何对待批评，如何对待客户，包括在各种情境下的行为，都是影响你领导力有效性的关键因素。至少，你应该愿意做任何你让自己的团队去做的事情。

你的声音太大了，我听不清你在说什么。

——拉尔夫·沃尔多·爱默生

询问自己：

- 我能做到言行一致吗?
- 我是不是要求别人准时，自己却习惯于开会迟到?
- 我是否在引导人们更有效、更积极地倾听客户的意见时比较认真，在他们谈话时却心不在焉?
- 我是否强调尊重，对公司的维修工却态度粗鲁?
- 如果有人一天 24 小时带着相机跟着我，我的行为会不同吗?
- 我是应该通过语言告诉人们该做什么，还是应该通过行动告诉大家?

激励他人和自己

鼓舞人的领导者能使人们行动起来。对于我来说，这是区分好管理者和伟大领导者、普通顾问和精英顾问的最大要素。一个好管理者有一份待办事项清单，而伟大领导者则通过自己的言行激励他人采取行动。沟通不仅是我们说出来的内容。事实上，说话的方式、原因以及地点往往更重要。作为一位真诚的、有效的、能激励他人的领导者，你如果对自己感觉良好，在自信方面保持一个合理的平衡点，自然而然地就可以鼓舞他人。

你如果没有激励自己，就不能激励他人。动机只是外在的因素，雄心壮志才是内在的。当你培养自我意识时，雄心壮志就成为你生活和进步的方法。此时，你会对自己的职业和个人目标有更清晰的认识。

当你受到鼓舞时，你也会激励他人。鼓舞人心的人散发出积极的能量，他们不需要说太多话，我们就可以感受到他们的能量。他们以积极的方式影响我们。反之亦然，消极悲观的人会给我们带来负能量。这就是为什么当一个有能力的领导者到一个新地方时，他会努力地四处走动，与他人产生联系。不这么做，就意味着他不想听到任何抱怨，或者他认为自己有更大的优先权。如果你是领导者，就有义务让你的团队成员互相熟悉。

不要误会我的意思，受到激励并不意味着你每天都要引用一句名言或听一首歌，或者找人来激励你。有时你不会感到振奋，也无法鼓舞你的下属。不要伪造它，没有必要，其他人能看穿这一点，因为有时候你会遇到困难。正如你知道的，要想解决财富管理带来的所有问题，我们都需要弹性，更不用说生活了。今天，我一直受到大家的鼓励。我的天性让我每天都充满激情，并心怀感恩，这使我生活得更加有条不紊。

你如果是专业人士，就要不断地在舞台上展现自己。每个星期日，当一名橄榄球运动员踏上球场时，球迷们不会在意他在星期六的遭遇。真正重要的是长期表现，以及背后支撑的核心理念。如果在工作时富有激情并保持这种激情，你就能在大部分时间内维持高效的状态，从长远来看，你就能以身作则，激励你周围的人。我必须有自己的原则，即使在我收到坏消息后，我也能在演讲的时候激励别人。隔离负面情绪是很重要的。当人们纷纷跑来听我演讲时，我需要把自己调整到最好的状态。听众不会关心在你上台前一小时发生了什么，也不会关心你为什么没有为这次见面做充分的准备，他们只知道你没有做好准备。

思考以下问题：

- 找到激情：为自己和他人寻找积极的能量，因为你不能传递你没有的东西。
- 上课，读一本书，或者用疑难问题挑战自己。
- 学习一些新东西，让自己走出舒适区。

奖励自己和你的团队

激励自己也需要为自己设置一系列适合个人专业背景的挑战，让你在最佳区域保持积极的心态。你需要短期目标和长期目标，当你取得一定的业绩时，你必须奖励自己。这种奖励不一定是昂贵的礼物，它可以是一次经历、一场活动或其他东西。尝试至少每个月为你或你关心的人准备一个有创意、有激励效果的奖励吧。当我还是一名年轻顾问的时候，当我在一星期或一个月里表现得很好的时候，我都会去花店逗留一会儿，为我妈妈买一束花。她喜欢花，当我走进厨房把花递给她时，她脸上的微笑会照亮整个房间。为你的团队做同样的事情吧。伟大的领导者会奖励自己和他人。

领导力与有魅力的人格不同，有魅力可能只代表油嘴滑舌。这不是简单的“交朋友，影响对方”，而是阿谀奉承。领导力是把一个人的视野提升到更开阔的层次，把一个人的表现提升到更高标准，让一个人的人格突破自我限制。

——彼得·德鲁克，《管理：使命、责任、实践》

第二章
创造令人信服的愿景

你不管做什么，或者梦想能做什么，都要从现在开始行动。勇敢需要天赋、魔力和力量。

——歌德

精神导师通过团队或组织的长期愿景来实现领导。拥有共同的愿景才能使领导者创建一支忠诚和奋进的团队。我们都知道，通常顾问只专注于他们的实践领域，他们主要关心自己、家庭和客户。为什么我们要讨论愿景？这是因为几乎每个人都希望成为成功团队中的一分子，或者成为拥有共同原则和价值观的组织中的一员。人们希望他们周围的人也很优秀，并且希望他们所在的团队、部门或者公司是有前途的。我们要到哪儿去？怎么去？我们为什么要这么做？

在为团队或者公司创造愿景之前，你需要清晰地了解你个人的愿景、价值观和原则。你需要回答的问题是：如果大家实现了这个愿景，如何让每个人都从中获益？

愿景是共同的。作为一名顾问，你需要从实现你自己的愿景开始，它可能是一个三个人的小型财富管理团队，可能成为合伙人，也可能成为行政总监。不管股东是谁，每个人都必须致力于这一愿景，让它有机会得以实现。

在你真正明白你的生意、团队、办公室、区域位置或公司会成为什么样子之前，你都像是在没有船舵的状态下航行。你通常会感到迷茫并且缺乏动力。基于我个人的研究和经验，大多数公司或者团队并没有清晰的愿景，假如组织中只有一个人能描述愿景，那么他很可能就是公司的创始人。拥有清晰愿景的公司是带着目的在运营的，这种类型的公司并不多见。下面的例子就描述了一家没有愿景的公司的常态。多年前我效力的一家公司曾经经历重大的组织架构调整，新任首席执行官觉得公司刚刚经过大变动，最好不要做任何事，换句话说，他的想法是大家无法接受更多的混乱，因此最好什么都不做，以免引起更多变动。尽管他是公司的首席执行官，但从未创造一个新愿景，甚至没有谈论过公司如何在他的领导下更上一层楼。结果，公司中的每个人都对未来感到迷茫，他们不知道自己在组织中的角色，也不了解新的企业文化，更不知道如何实现目标或者为他们的客户服务。正如我之前提到的，这是很多公司管理层发生变化时的常态。

值得一提的是，并不是只有大公司才有愿景。无论你是一名顾问还是只拥有三人团队，愿景都很重要。它就像灯塔、北极星，能让人们找到方向。

思考以下问题：

- 描绘一个清晰生动的画面：你想去哪儿？为什么想去？那里是什么样的？

• 怎样到达目的地?

未来是未知的，市场是未知的，只有变化是持续的。你的愿景应当聚焦于企业中的人，以及为客户创造的价值。对未来要有热情和活力，愿景是被创造出来的。

询问自己：

我们的愿景如何让客户和团队成员受益?

商业愿景不是关于你的，而是关于你所服务的人的。你做的每个关于未来的决定都应当以客户的利益为中心，每个决定都应当受以下问题指引：

• 我们的愿景如何让客户受益?
• 我们的愿景如何让帮助你的同事受益?
• 我们的愿景如何让直接面对客户的同事受益?
• 我们的愿景对社区有何益处?
• 我们的愿景如何让股东受益?

成长是一种选择

我再次强调，在你创造团队愿景或者企业愿景之前，你必须培养自我意识，创造自己的个人愿景。也许你会问我为什么把拥有个人愿景看作一件大事，因为愿景必须具有真实性，而对真实性的需求始于自我意识。

2008 年，我就启动了对我的顾问以及管理者进行培训和咨询的项目，目的是扩大管理规模，内容包括所有的财富管理实践，标题是“成长是一种选择”。用这个标题的原因很简单：每个人都有力量实现属于自己的目标，每个人都有力量选择成长而不是恐惧或自满。我们既可以规划一种有目标的生活，又可以对生活中遇到的所有事情表现得毫无目的性。我们既可以主宰自己的命运，又可以成为环境的受害者。

选择是我们自己的。

思考以下问题：

- 为了生存，你必须做的唯一的事就是把你的体温保持在 98.6°F[①]，生活中其他的一切都是你的选择以及你目标的一部分。你有能力做出能帮助你和他人过更有意义的生活的决定。让我重申一次：每个人都有能力选择成长而不是恐惧或自满。我们会在第二十二章提到更多关于公式“想 + 做 = 实现”的内容。你的个人目标是公式中“想”的部分。当你知道你想成为谁，你会极大地增加自己成功的概率，并且开始为实现目标而做出必需的努力，你需要的只是勇气和自律。

预测未来的最好方式就是创造未来。

——亚伯拉罕 • 林肯

我认识马克 · 卡萨迪有些年头了，并且我知道他对领导力的成功

① 98.6°F=37℃。——编者注

实践有很深刻的见解。马克既聪明又勤奋，而且有超高的沟通技巧。他兼具高情商和实用的商业头脑。和那些傲慢自大的首席执行官不同，马克十分谦虚，并且能够很好地处理生活中的重要事项，特别是当他从金融公司 LPL 退休之后，他花更多的时间来旅行和参与对创业公司的风险投资，他把这些叫作生活 2.0——他人生的又一个愿景。

瑞克：马克，你当初是如何开创这项事业的？

马克：我以前很喜欢资本市场并且很想当一名投资经理。1982 年，我去北方信托公司工作，当时该公司有一个很棒的培训项目。我很快就意识到，作为一名投资经理，你可以买入一家公司，但你并不能改变它。不管我喜欢 IBM（国际商业机器公司）还是不喜欢 IBM，我都无法改变它。这一点让我十分苦恼。

瑞克：你是什么时候加入金融公司 LPL 的？

马克：2002 年，我作为首席运营官加入 LPL，当时公司大概有 4 000 名顾问。2003 年，我升任总经理。2004 年，我成了首席执行官。12 年来，LPL 从拥有 5 000 名顾问发展到拥有 14 000 名顾问，另外还有 4 000 名顾问受雇于分公司 AXA，总计 18 000 名。其中，大约 20% 的资产是依靠并购得来的，其余的都是逐步发展起来的。我们从管理 900 亿美元资产发展到现在管理差不多 5 000 亿美元资产。

瑞克：所有因素是如何连在一起，使我们取得这样的成功的？

马克：我们从小的顾问业务开始做起，经历了几年的市场发展，那时资产的积累依靠的是投资群体。第二波发展浪潮是并购，并且我相信在未来的两三年，我们会看到更多并购。第三波发展浪潮是朝着独立前进，这一点一直持续到今天。我们培养新能力、制订财务规划，以及运用调仓工具。我们尽力满足顾问的需求。

瑞克：从利润挤压的角度来看，独立券商的未来如何？

马克：顾问拥有更多选择——每个人都面临利润挤压的问题。自我清算就不同了，假如不进行自我清算，我们就只能拿到利润的1/3。我们控制托管和成本，托管人现在几乎是免费的，今后可能会发生变化。这些托管人会说，你给我3 000万美元是一个价，但如果你给我10亿美元的话，也应该是一样的价。你需要有强大的合作伙伴。

瑞克：对那些希望能够拓展业务的顾问，你有什么建议？

马克：他们需要做三件事情：第一，他们需要改变对话方式，由“我管理你的财富”和“这是一个预期回报”，变为“我来帮你梳理一下财富对于你来说意味着什么”。消费者的大多数问题都是行为问题而不是投资组合本身的问题。我们之所以从事这一行，是因为我们喜欢资本市场。“你好，瑞克，我比其他人都聪明，所以来跟我一起工作吧。”这是一个很好的说辞，问题是它表明我是在向你出售一件商品，我要求回报。相比之下，“你好，瑞克，我们来谈谈你想怎么处理这些钱，以及这些钱对于你来说意味着什么”，此时，顾问需要进入客户思维，设身处地地思考你为什么花了这么多钱，你与金钱的关系是什么。你需要拥有资本家的头脑来了解市场是如何运作的，需要一颗社会工作者的心。问题是，我看到我们花了太多时间在资本市场的一面，而不是在柔性的一面——建立关系的一面。我见过的最好的顾问是告诉我他们花了很多时间在柔性技巧上的顾问。

第二，他们需要通过尽可能多的外包来实现自动化，包括重组、社交媒体以及组合建模。快速增长是因为使用了标准化方法，因为这些方法使顾问不用花时间与客户建立关系，他们需要的是提高效率。

第三，他们需要改变外包投资管理。你无法负担运作投资组合的成本，所以你要了解市场并且需要知道你外包给了谁，以及他们是否能够胜任。你需要评估他们的表现，当然这是一个截然不同的技能。

瑞克：在财富管理行业，怎样做才能成为有效的领导者？

马克：我会问这些顾问，你们想创造怎样的品牌体验？让客户有什么样的视觉体验和内心感受？如何与客户互动？你需要通过这些问题的答案来使客户有很好的体验。

然后是我们如何赚钱。无论你是线上交易者、银行还是独立顾问，这个问题都是你战略眼光和价值主张的核心。对我而言，这是一个明确的途径，可以说明我为什么要从事这个行业。

瑞克：你怎么看待这种顾问生意最终会被科技取代的趋势？

马克：如果顾问也可以自我完善进入新世界当中，那么我不认为科技可以替代顾问。问题是成本，机器人无法统治世界，下一代人依然希望能面对面地做咨询。当我有了一点儿积蓄，有了一笔能够做投资的钱的时候，我可以在网上开个账户进行交易。当积累了更多的资产的时候，我就会找一个人来寻求建议。这里的大问题还是成本，花多少钱合适。当我们谈论人工智能，也就是新生活的时候，我们希望科技能降低成本并创造更高的回报。富人会因为机器人的应用而增多，过去一部分人因得不到任何建议而无法增加财富。投资顾问可以利用机器人来解决一些程式化问题。这种趋势也是由成本降低导致的。成本逐渐降低，是由长期较低的投资回报和市场波动导致的。这将影响客户支付的成本。这也是为什么 ETF 基金会那么流行，机器人顾问可以用 35% 的成本做资产配置。

瑞克：对主动型资产管理人，你有什么建议？

马克：这是一个很棒的问题。波士顿的一家大公司刚问过我这个问题，这个模式 30 年都没变过，并且它是错的。对于我而言这很简单，就是降低成本。唯一的问题是，在不重创现有公司的情况下如何做到这一点。关闭旧基金设立新基金，建立新的价格机制，这样你也许需要更少的批量销售。一个批发商只会到处游走，卖一个并不引人注目的产品。他们需要展示自己是如何为这项工作增加价值的。一些资产管理人干这个比别人在行。这是一个最好的例子，批发商通过帮助投资顾问来增加自己的价值。他们就这么走进来告诉你，他们可以给予你最有用的建议、风险管理工具以及管理实践。他们可以帮你做一切事情，且恰恰绕过了关于产品的讨论。这种增加价值的销售是投资顾问前进的要素，我认为随着时间的推移，会有更多并购。

瑞克：对于一个即将退休的客户，你会给出什么样的建议？

马克：首先，你要决定其间所需要的条件。你需要办公室吗？你是否需要一名私人助理来帮你处理日常事务？你考虑过加入董事会吗？你是否在寻找一项激动人心的事业？我们大多数人都属于 A 型性格的人——很难让自己闲下来。我正在跟我妻子一起上高尔夫球课，我们之前考虑过哪些时间在一起，哪些时间分开。好玩儿的事情我们可以一起做，一些公益类的支持我们可以一起做，我们还可以一起酿造朗姆酒和威士忌。刚开始这只是一个微不足道的项目,但它却可能发展为一项事业,我们觉得很有意思。我只加入了两个董事会，因为我想花更多的时间跟我妻子在一起。退休对于我来说不是一直打高尔夫球或者什么都不做，这就是为什么我说这是2.0版的生活。此外我想做的事情还有很多，包括旅行。我也许会运营一家财富管理公司，给自己留一些余地，这是最重要的。

第三章 正确的文化不能讨价还价

文化比战略更重要。

——彼得·德鲁克

专注于资产增长的领导者明白，创造一个特别的工作环境将有助于招聘、留住人才，并提升客户体验。任何不关注文化的组织最终都会表现不佳。我们知道，在财富管理领域，人力资本才是最有价值的资本。一个成功的组织文化需要服务于所有相关人员：客户、股东、合作伙伴和雇员，以及他们周围的人。那么，什么样的文化优于其他文化？这种文化不是免费的健身房、免费食品、弹性的工作时间。当然，这些福利都很好，但从我过去34年的工作经验，特别是过去5年作为顾问和演讲嘉宾到北美各地旅行的经验来看，人们希望得到重视、欣赏和尊重。他们希望得到认可，而不是默默地加薪。

在整个行业的历史中，我们已经看到了当一个组织的文化主要体现在股东、客户或雇员三大支柱中的一项时会发生什么；我们已经看到了当企业文化集中在实现短期目标时，公司为了达到销售目标而错过了为客户做正确的事情的机会。是的，每个人都喜欢增加利润和收益，然而，如果三个支柱不平衡，那么凳子最终会倒下。《华尔街日报》的头版几乎每年都会报道这样的案例。真正优秀的文化会展现在全世界面前。你对自己的文化感到自豪吗？如果没有，你会怎么做？

伟大的文化包含明确的愿景和目标。例如，当我听到有些顾问说“我们想让人们的生活产生不同的意义”，我知道这是一句空话，但这至少是一个开端，是迈出的第一步。当我听到市场领军人物说“我们为我们的雇员创造最好的工作环境，是为了让他们为客户提供最好的服务”，我至少知道这些领军人物在考虑雇员以及对他们重要的事情。这些领导者可能不会把所有的事情都做好，但至少他们把精力放在了一个可以让人们感到有价值并有机会成长的地方。但是，这也需要落实到行动上。领导者可以拟定并印刷一份关于自己如何对待雇员、客户和顾问的宣言，这很好，但这些只与自己的行动有关，最终人们会用脚投票。我想表达的是，如果客户交给你资产，他们就是在用脚投票；如果顾问加入了你的团队，他们也是在用脚投票。当然，相反的情况也是如此。如果客户不高兴，他们就会用脚投票，然后把自己和他们的资产交给另一个顾问。

在过去的5年里，我曾与100多家财富管理公司开展合作，它们是世界上最负盛名、最成功的公司。它们有三个共同点：一是对改善客户体验的渴望；二是对资产实现有序增长的欲望；三是吸引顶尖人才的愿望。这些公司的领导者明白，如果超过客户的期望，就可能获得更大的市场份额和更多的客户资源。好的体验可以带来客户的忠诚和满意，而这是优秀企业的底线。但这里面也有秘密（如果它可以被称为秘密）：最佳的客户体验源于最佳的组织文化。人们不可能在一个糟糕的工作氛围下获得绝佳的客户体验。如果人们在你创造的环境中工作得不开心，那么你也无法持续地向团队传递积极的客户体验。作为领导者，你的工作就是让你的团队、顾问和其他岗位的人员脸上洋溢着微笑。只有这样做，你才能让客户脸上充满微笑。换句话说，在公司里，只有快乐的人才能带来快乐的客户。这个道理人人都明白。因此，创造绝佳客户体验的公式就是让正确的人在正确的文化中扮演正确的角色。

当然，如果企业文化不是问题，那么我不会在这里用这么长的篇幅来叙述它的重要性。根据我与数千名顾问交流的经验，超过72% 的顾问对工作环境不满意。《福布斯》曾报道，在世界范围内，工作中不快乐的员工人数超过了快乐的员工的数量，且二者的比例是 2∶1。因此，每年数以千计的顾问都会跳槽，这样的现象也就不足为奇了。那些转向独立顾问模式的人想要更多地掌控自己的业务；而顾问跳槽到另一家公司的决定也并不总是由高薪引发的。这些顾问可能想要更多的控制权，可能想要创立自己的品牌，可能想要获得更大比例的收入，也可能想要在未来的某一天把自己的业务一次性出售。

在我担任顾问和演讲嘉宾的时候，我已经向北美的数千名顾问介绍了我的理念。在走进一个办事处的那一刻，我就能清楚地看到该公司奉行什么样的文化。重视文化的领导者会非常努力地创造一个特别的工作环境，让下属感到更加快乐，让他们享受自己的工作。其间，你会有一种走进了社区的感觉。这不会自然而然地发生，需要领导者有意识地创造正确的愿景和环境。你会发现，在不同类型的环境中，特别是当一个客户或客人走进办事处时，雇员是在庆祝还是在接待。第一个看到客户的人，会给客户一个大大的微笑，也很容易叫出客户的名字。当客户听到他们的名字时,他们的耳朵里会响起美妙的音乐。这就是我所说的做一个情感的储蓄。客户会发自内心地认为这些人关心自己，他们是有组织、有焦点的，他们是专业人士。

树立正确的企业文化也意味着毫不犹豫地雇用适合你的文化的人。一旦你建立了优秀的企业文化，适合它的人就会把它看作一个重要的选择因素。当然，错误的人对文化漠不关心，更糟糕的是，可能还会破坏好事情。错误的人对公司的文化有害，我把这些人叫作受害者：他们喜欢抱怨，从不满足，经常发泄消极的负面情绪。合适的人会让你的公司成为一个优秀者的聚集地。作为一名领导者，你可能需要问自己，你所创造、促进和允许的东西对企业文化来说是否是负面的。你需要为此负责。

当我还是一名顾问经理的时候，我就希望人们感觉他们有两个家庭，一个是自己的家庭，一个是公司。不仅仅在 12 月，我每个月都会举办假日聚会，就连孩子们参加的万圣节和感恩节庆祝活动，我都鼓励部门里的人参与，让他们把庆祝个人的职业里程碑变成自己的职业习惯。另外，每年我们都会联合起来支持一项主流的募捐活动。最好的管理者总是在寻找这些类型的情感储蓄。做到这些很简单，比如给某人留一张便条表扬他的表现或他对同事的帮助。这不仅是默默地尊重他人，而且是向他人展示你对他们的尊重。创造一种优秀的文化并没有神奇的魔法，你只需要做一些简单的事情。在人们开始专注于制定更好的商业战略之前，你需要正确地把握这些基本要素。

询问自己：

- 伟大的企业文化对我来说意味着什么？
- 员工会对他们的客户或朋友如何形容我们的办事处（公司）？
- 客户对我的办事处（公司）怎么评价？（如果你不确定，问问他们。）
- 电子邮件是否得到了及时回复？
- 领导者正在树立信心还是打击信心？
- 透明度体现出价值了吗？
- 速度，一种客户和团队的紧迫感，是否体现出了价值？
- 人们是在真心合作还是只把它挂在嘴边？
- 人们是全身心地投入，还是在抱怨？
- 公司文化能激发创造力吗？

我在美国和其他 14 个国家访问了财富管理行业的 975 个办事处，在到达一个地方的 10 分钟内，我（包括其他访问者）对那个办事处的文化就已经了如指掌。对于我来说，优秀的企业文化的特点是完全的透明和信任。在健康的企业文化中，人们是忙碌的、兴奋的、热情的——无论客户是否在场。优秀的文化是一种环境，即一种人们可以说出自己的想法、表达自己的观点，并以专业和互相尊重的方式挑战同事的环境。我无法想象人们不重视交流和合作。你说话的内容很重要，你表达的方式同样重要。建设性冲突不一定是坏事，往往能帮助你想出最好的解决方案。这需要从公司的顶层开始实施，正如我前面所说的，领导者需要以身作则。

不幸的是，大多数企业文化仍然建立在期望每个人都能在安全箱里表现得很好，否则就要承受来自同事或上司的专业性挑战。美国科氏工业集团董事长兼首席执行官查尔斯·科赫在《做大利润》一书中描述了在工作中自满的后果：

许多成功的公司都有这样的倾向。它们倚仗自己的信誉，变得自满、自我封闭和缺乏创新。在这样的官僚文化中，员工只有跟随领导者奔跑才能生存下来。衰退就这样开始了。

这样的文化扼杀了人才，耗尽了领导者的精力。优秀的领导者希望自己与众不同，成为成功团队中的一员，展示自己的创造力，表现得非常优秀和专业。但如果他们发现自己的文化很官僚、停滞不前，那么他们的成长和领导力可能会被削弱。如果一名领导者，发现自己处在这样的文化氛围中，那么他只有两种选择：改变它，离开它。

改变或离开

在我的工作中，我经常听到这样的借口："我们有一个全公司都奉行的企业文化，我真的无法控制这里的情况。"在很多情况下，区域领导者觉得不可能在区域市场创造一种文化，因为他们认为每个人都需要照搬总部的命令。

这一点我不敢完全赞同。当员工为你工作时，不管你是一名独立的经纪人（IBD）、注册投资顾问（RIA），还是银行信托或经纪商的一名团队领导者或经理，你都应该设定基调。你的行为和你每天所做的决定塑造了区域文化。作为一名区域领导者，你应该承担责任，不仅要创造一种团队文化，还要创造区域办事处的文化。

询问自己：

- 在办公室里，人们信任彼此吗？（如果答案是否定的，那么你多久会与他们讨论一次你倡导的价值观？）
- 我怎样才能改变文化，以更好地服务公司？（你只有在保持谦卑，并且真正关心周围的人的时候才能做到这一点。）

选择离开一个你无法改变的、有害的企业文化，并不是消极被动的决定。在很多时候，一个关键岗位领导者的离开会导致公司文化出现断代，而这也可能让公司朝着更积极的方向发展。当顶尖人才退出时，公司开始受挫，人才会持续流失，直到这家病态的公司最终发现自己处于危机之中。

转向公开文化

不久前，在一次咨询工作中，我有幸体验到了一个公司如何完全公开。这个公司的首席执行官鲍勃，不论是在私下还是在与公司合伙人、资深团队进行开放式讨论时，都对我坦诚相待。他没有隐藏的议程，他提供的信息前后一致，而且他能严格约束自己。

领导者做到公开的最好方法就是展示弱点，而不是掩盖弱点（尽管这些弱点对于其他人来说可能是显而易见的）。鲍勃的自我意识和他的谦逊使得团队能够很容易开诚布公地讨论组织内部的问题。我们能找出公司的一些盲点以及做得不好的地方。在找出所有问题之前，没有一个组织或团体能继续前行。团队必须坦诚地评价自己的弱点。这种有效的合作出现在那些能真诚地鼓励公开透明、促进知识分享的企业文化中，并将创造另一种文化，让最好的想法脱颖而出。

询问你的同事：

- 你能描述一下我们的文化吗?
- 我们的文化是否符合你的价值观?
- 我们的文化与你的行为一致吗?
- 你在其他企业中了解到了哪些我们可以学习的文化?
- 我们团队内部怎样对待彼此?
- 你如何在日常工作中表现出尊重的态度?
- 你有一种开放的政策吗?
- 组织中的每个人都和你用同样的方式描述我们的文化吗?

随着我们的业务越来越商业化，客户的选择也越来越多。因此，创造一种成功的文化对吸引和留住客户至关重要。当一个公司拥有一种特别的文化时，客户是可以感觉到的。这种无形的品质使一切都变得与众不同。那么，究竟是什么造就了积极进取的企业文化？在企业文化中，我最常看到的十大品质是：

1. 企业中的每一个人都感觉受到了重视、认可和尊重。每个人都觉得自己很重要，他们每个人，包括你刚录取的实习生，都在为大局做贡献。
2. 企业重视人员和思想的多样性，重视企业整体的健康发展。
3. 企业重视速度，并在一种紧迫感下运营。两天才回复电子邮件或电话的行为是不能被接受的。
4. 与产品相比，企业的重点是提供解决方案。

5. 企业有明确的愿景和目标。领导者和员工可以回答以下问题：我们为什么存在？我们要去哪里？我们如何到达那里？我们怎样才能做到与众不同？
6. 人们愿意冒险和尝试新事物。失败是可以接受的。
7. 企业采纳完全公开透明的文化。所有员工都明白为什么要做出某种决定以及为什么要实施某种战略。
8. 庆祝具有里程碑意义的事件以及腾出时间来娱乐放松，这些在企业内部具有优先性。
9. 企业推行自愿行动，员工像在大家庭里工作，那些不幸的人能够得到特别关照。
10. 企业采用精英管理方式，这意味着它是以绩效为导向和以客户为中心的。

最后，不要让企业文化的讨论太复杂。打造伟大的客户体验对经营大有裨益，是创造可持续增长模式的唯一途径。 这样的观点你是否同意？如果同意，你首先要花更多的精力去雇用合适的人，确保你的团队中的人扮演正确的角色，因为随着时间的推移，技能可能变得无关紧要，或者你的团队可能会变得自满。我们从事的是人的生意，因此，要雇用喜欢与人打交道的人、能胜任工作的人、有动力在个人以及专业方面成长的人。每天想想这些关键词：尊重、公开、授权、同情、愿景、认同和成果。但更重要的是，你要把这些关键词作为企业奉行的基本原则。

第四章
激发有效的合作

如果你有一个苹果，我有一个苹果，我们交换这些苹果，那么你和我仍然各有一个苹果。但如果你有一个想法，我有一个想法，我们彼此交流，那么我们每个人都有两种想法。

——乔治·萧伯纳

没有有效的合作，大多数企业都无法成长。具有增长心态的领导者懂得合作。他们知道自己不懂什么，因此不害怕寻求他人的帮助，也不害怕雇用比他们聪明的人。当然，有效的合作需要一种强有力的文化来认可和奖励那些强有力的合作者。如果没有经过一个深思熟虑的过程，合作就会变得更加困难。未来不会奖励那些单打独斗的行为，而会奖励那些合作良好的团队——他们一起工作，改变世界。能够创造卓越客户体验的创造力将变得越来越重要，其中，合作将起到关键作用。

当我刚开始工作的时候，合作并没有经常被提起。那时候开展的业务是高度事务性的。我们都在一个充满鲨鱼的地方独自划船前行。我们大多数人都是孤独的实践者，两名顾问只有出于接班人计划的需要才会联合起来。

时至今日，我们几乎在所有业务声明里都会看到这样的话："竞争使我们更强大，合作使我们更优秀。"合作是我们努力发展的企业文化的支柱。在注册投资顾问、投资银行和银行信托业务中，是否合作可以成就或扼杀一家企业。如果你是银行信托业务的从业人员，那么你可能已经知道最好的顾问也是最好的合作者。他们知道如何利用银行和它的资源为客户争取合法利益。他们尊重其他人，并很受欢迎。他们能漂亮地完成工作，不让自负妨碍自己。

在合作和独立决策之间取得平衡是至关重要的，因为有时候合作也可能拖累你的业务。我曾经和一个管理规模达到 20 亿美元的投资顾问一起工作。他是一个非常聪明和积极的人，但他需要和合伙人讨论每一个决定，哪怕决定是非常小的。这会使每个人在每一个层级上都放慢速度，由此造成了业务在各个方面的真空。有时，集体的决定是有意义的，但额外的投入是没有必要的。找到平衡点，知道何时才需要合作，是其中的关键点。

在特定的情景下，随着时间的推移，合作才得以体现。那些被称为"合作者"的个人会积累自己的信誉，赢得一个成功领导者的尊重，并在一段较长的时间内逐步巩固自己的品牌。领导力并不是特别的要求，也不是在需要的时候才体现出来的。相反，领导力每天都应该展现。领导力，就像合作一样，不论是否有人关注都应该出现。它体现在对话中，不论是一对一对话还是小组讨论，但最重要的是，它通过你的行动来体现。高效的领导者能意识到一个人领导力后退一步至少需要前进五步才能再回到原处。真正的领导者不会宣称自己是领导者，是他们的同事或客户认为他们是领导者。

在摩根士丹利工作的时候，我在与克雷格·法伊弗的合作以及对他的观察中，建立了自己对获得受人尊重的领导力的见解。在 30 年的从业经历中，克雷格长期以来一直主张领导力能产生更多的领导机会，使人最终肩负起管理责任。克雷格还提出了一个值得关注的理念：成功的领导者需要追随者，人们会追随与他们关系密切的领导者。

领导者与当地企业团体、公司内部人员以及其他行业人员的联系，经常被误解为拉关系。通常，这种联系在组织架构图中被垂直地框起来，在同级同事中被水平地框起来，然而，建立有效合作和相应领导力的秘诀是连接对角，形成一种自上而下和自下而上的组织。

创建和维持对角线关系需要平易近人、可行性和参与的意愿。在当今组织中，这种行为更关键，需要多个（既得）参与者，以及高水平的合作。能够接触、参与和做出更大努力的领导者会很快脱颖而出。他们通过倾听、理解，以及把每一次互动作为学习的机会来让自己变得更容易接触。信息面更广的领导者能做出更优异的决定，传递更加积极的影响。

平易近人对互动和结果至关重要。在互动的时候，商业活动和个人活动都在进行，领导的个人作用是教导、劝告和帮助他人。在互动中，个人影响有助于激发追随者的才能，提高他们的个人能力，增强他们的信心，使他们与追随者紧密地联系起来。

长期以来被人熟知，但往往被忽视的事情之一就是人才培养的重要性。如果一位领导者能把“建立组织技能”作为最优先、最重要的任务，那么他就有能力描述未来的愿景、制定所需的战略、整合可利用的资源，从而成功地执行任务。领导者有义务设定目标并确立路径，识别途中的里程碑事件，并谨慎地实行问责制。同时，他们也能创造积极乐观、坚持不懈和快速复原的文化，从而让他们不断地成功。

对角线关系和合作确保领导者与其他要素进行连接，赋予他们对变化的洞察力，使他们在更广泛的意义上开展工作并加快执行任务。在一个拥有大量数据和不同标准的时代，我们需要对精神消费进行测量和分析，但这仍然是“关于人”的分析。当深度参与整个企业经营时，领导者有追随者，他们时刻准备着并愿意奉献。同时请记住，你的客户也同样是人，是合作、考量和分析的对象。

合作是一种竞争优势

能够建立真正的合作文化的领导者具有竞争优势，因为合作充分利用了他们团队和组织具有的所有优势。合作必须从公司的高层开始，应该成为企业文化的一个有效组成部分。合作的文化可以提升士气并改善结果，因为团队天生就比个人更有能力（并且更令人愉快）。也许你无法用肉眼看到，但合作确实是建立相互之间信任关系的力量，因为彼此依赖、一起实现目标的团队成员会更有前进动力。最后，合作是抵消负面内部冲突的壁垒，因为个人目标与团队目标都是一致的。

正确答案不止一个。

——德威特·琼斯

有效的协作需要：

- 在进门前对自我意识进行反省。
- 能够承认两个想法比一个更好的人。
- 桥梁的建设者。他们总是在让大家互相联系。
- 慷慨的人。他们根据需要提供帮助和鼓励，或其他必要的资源。
- 好奇的人。他们喜欢问正确的问题，比如“为什么”，他们不为了提问而提问，遵循自己天生的好奇心，对复杂的问题抽丝剥茧。
- 认真聆听，不只是做简单的回复。
- 能保持灵活。
- 能自我激励和自我鼓舞。
- 有信心的人。他们对自己的目标感觉良好，所以欢迎任何关于更好地实现目标的建议。
- 珍视所有意见的人。他们知道每个人的意见都有可取之处，也致力于让每个人都有机会表达意见，做出贡献。
- 找机会认可他人的贡献的人。

你遇到的每个人都知道你不知道的事情。

——比尔·奈

合作需要多样化和尊重

我们在合作时，需要尊重各种形式的多样性，包括思想、文化背景、交流方式和领导风格的多样性。在一个群体中，不是每个人都与你拥有一样的价值观，不是每个人都喜欢你喜欢的东西，但相互尊重才能使彼此行进得更远，而这一切应该从你自身做起。在我的咨询工作中，我发现许多领导者都受到过多样化思想的挑战。

让一个正式或非正式的顾问委员会围绕在你身边。委员会里应该包括那些值得信赖的、可以很诚实地给你反馈和对你做出评价的人。这种关系网的关键就是多样性。在你选出的同辈人中，如果每个人都像你一样思考，那么这将浪费你的时间。让那些与你不同的人围绕在你身边，将大大提高你的专业水平，拓宽思考和创造力的边界。我坚信，有些人之所以不能或不选择扩大自己的边界，是因为害怕和缺乏信心，他们害怕自己会受到挑战。让自己周围充满只会说“对”的人，是在浪费你的时间和精力。多样化的视角才是你的朋友。那些可以丰富你世界观的挑战、促进个人和专业成长以及帮助你成功的领导者，才至关重要。对新视角抱有开放的心态，你可以让自己在更广的范围内考虑问题。要做到这一点，你需要很谦逊，而这本身就是一个强有力的领导者必备的素质。视野越宽广，你能够为你的客户和你的团队提供的服务就越好。

你已经可以自由地得出自己的观点了。

——李·艾柯卡

第五章
指导顾问发展业务

没有导师，人们永远无法发挥最大能力。

——鲍勃·纳德利

你无法训练自己的欲望

1998 年，美国上映了一部讲述如何获得内心力量的伟大电影——《永无止境》。美国俄勒冈大学的田径教练对史蒂夫·普利方坦说：“普利，没有人能训练欲望。”比尔·鲍尔曼是美国的一名田径教练，也是耐克公司的创始人。在他的职业生涯中，他训练出 31 名奥运健儿、51 名美国运动员、12 名美国纪录保持者、22 名 NCAA（美国大学生体育协会）冠军和 16 名不超过 4 分钟就能跑完 1 英里[①] 的运动员。具

① 1 英里≈1.61 千米。——编者注

有增长心态的领导者会为他人的成长投资。这是可以产生影响并留下馈赠的最好方式。从长远来看，没有人会记得你曾经招募了三个顶级供应商，或者你曾将收入提高了30%。但是那些被你深刻影响的人会永远记住你。这就是一个伟大的领导者培养出更多伟大领导者的方式。他们以非正式的形式树立一个其他人想效仿的榜样，或者以正式的形式、有意识地花时间挖掘、培养一起工作的人的才能。与此同时，他们也明白自己无法训练一个人对事物的欲望。这是我在教学方面犯下的最大错误：试图激励那些没有积极性的人。导师不能直接了解一个人对成长、指导、接受导师及其他人的帮助有没有兴趣。有种顾问只有在面对管理者和他自己的时候才会坦诚。这种顾问会安抚导师，告诉他那些他想听到的话，让他白费力气。这种人会消耗导师的精力，因为导师的初衷是帮助他们、改变他们。导师会很容易地认为这些人已经全身心地投入了，但这只是因为导师希望他们这样做。因此，在导师专注于辅导他人之前，一定要确保顾问或管理者不仅对导师敞开心扉，而且真的致力于改进自己。

> 大多数人，他们即使并不知道，也睡着了。
>
> ——安东尼·德·梅勒，《意识》（*Awareness*）

许多人都不知道自己有潜力，或者不知道他们的潜力能有多大。即使知道，他们也无法离开富有经验的人的帮助，独自挖掘自身的潜力。这正是导师的切入点（见图5-1）。许多人生活在一个孤立的世界中，并根据匮乏的信息来判断结果。例如，当有人说“我做得很好”时，我会问这个人，所谓“好”是相对于什么而言的：是基于公司的能力和目标的标准，还是自己的标准？正如瑞银前总裁马克·萨顿所说的："与一棵橡树比起来，任何人看起来跑得都很快。"

图 5-1　指导性谈话

一则寓言：像鸡一样逝去的老鹰

> 一个人发现了一只老鹰蛋，把蛋放在了院子里的鸡舍中。小鹰在鸡舍中破壳而出，并与小鸡一起长大。小鹰一生都以为自己是一只鸡，所以表现得也像鸡笼里面的小鸡一样。它会在地上抓取蚯蚓和昆虫，叫声也同其他小鸡一样。它虽然会拍打翅膀，但也只能在空中飞几英尺①高。
>
> 几年过去了，那只小鹰渐渐老去。有一天，它看到万里无云的天空中有一只雄鹰在盘旋。那只雄鹰借着风优雅地滑翔，几乎

① 1 英尺 = 0.304 8 米。——编者注

没有扇动它那有力的翅膀。老鹰敬畏地抬起了头。

“它是谁？”它问道。

“那是鹰，鸟中的王者。”它的邻居说，“鹰属于天空，我们属于大地，我们是鸡。”

所以一只鹰活着，但像鸡一样逝去，因为它以为自己是鸡舍中的小鸡。

——安东尼·德·梅勒

赢得指导权利

在适当的环境和正确的指导下，我们都有潜力达到新高度。伟大的领导者知道这一点，但平庸的管理者却不知道。当我问管理者他们在担任投资顾问时有几位导师时，只有大约 20% 的人说他们有导师，这一点让他们的职业发展有很大不同。对于我来说，也是如此。这个事实很不幸，但并不令人感觉惊讶。你可以思考一下，自己经过多少训练才具备了必要的能够改变别人行为的工具呢？很多人认为训练很重要，但很多人并没有花时间掌握相关技能。

我不辅导别人，是因为：

- 我太忙了：47%
- 我的顾问无法接受：24%
- 我不知道该怎么做：15%
- 没有让我行动的动机：11%

我鼓励你把学习如何有效地指导他人作为自己领导能力提升的一部分。像其他事情一样，这需要大量的时间和练习。别人能给你的最高赞美就是向你寻求帮助，因为他会选择尊敬的人和成功的人来指导自己。如果你没有持续地指导他人，那么你不论在职业生涯中处于什么阶段，都无法成为一名成功的导师。

当谈论人际关系时，我们必须理解情感在其中扮演的角色，并且了解自身以及正在与我们共事的人的感受——无论是通过指导，还是通过简单的尝试了解客户或团队成员的情感。首先，确定与你互动的人的感受，这样你可以判断他正处于消极的状态还是积极的状态。如果这个人表现消极，那么你可以帮助他采取行动，使他转换到一个更积极的状态中。正确分辨对方的感受以及选择合适的话语，可以帮助你更有效地进行指导与交流。表 5-1 中提到的感受对识别不同类型的情绪非常有用：

表 5-1　情绪表格

消极情绪	与消极情绪对应的积极情绪
怀疑	信任
恐惧	希望
悲伤	欢乐
虚弱	强壮
不满足	满意
拒绝	支持
困惑	明晰
羞怯	好奇
厌烦	参与
挫折	满足

（续表）

消极情绪	与消极情绪对应的积极情绪
自卑	优越
排斥	吸引
伤害	摆脱
孤独	群体
仇恨	热爱
愤怒	慈爱
缺乏想象力	富有创造性
冷漠	怜悯
不安	自信

士兵不再给你制造问题的那一天，就是你不再领导他们的那一天。

——科林·鲍威尔

如我前面所说的，我鼓励你仔细甄选自己指导的对象。你的时间是宝贵的，你应该专注于那些会感激你提供的帮助、在你的指导下改变做事风格的人。你如果不能看到他们的变化，就很难做出相应的调整，因此，你们的交流只能停留在情感层面，无法落实到行动之中。

多年来，我与导师蒂姆·乌尔西尼博士一起共事，他是优势指导培训公司的首席执行官。蒂姆指导了数以千计的领导者，告诉他们指导别人的技巧，以及如何成为一名成功的导师。蒂姆强调，一名导师应该有两种形象：温柔的和强硬的。温柔的形象包括：做一个良好的倾听者、富有感召力、快速建立信任、提出有力的问题，以及对受教者抱有信心。强硬的形象包括：有能力挑战他人、追究他人的责任、设定目标并激发受教者的潜能。仅有温柔的一面是不够的，因为它会使受教者待在舒适区，导致潜在的自满；但仅有强硬的一面没办法给受教者带来安全感，会让受教者变得脆弱，无法承认错误，无法表现得谦逊。大多数导师会侧重于温柔和强硬中的某一面，但顶尖的导师会兼具两个方面，并提高自己的创造力和驾驭能力。顶尖的导师能建立积极而非惩罚性的问责制，让受教者的表现被认可，使受教者能够挑战自己的最高水平。

在伟大的导师中，有些采用苏格拉底式的指导方式，有些采用导师式的指导方式。苏格拉底式的指导或者导师式的指导都是有价值的，它们提供了不同的与受教人互动的方式。把两者结合在一起可以产生更强有力的影响，但这只在导师知道这两种风格之间的差异，并且知道结合身边的情况应该选择哪种方式更有效时才能起作用。在导师式指导的模式下，导师自己就是专家。要成为一名导师，你必须有一系列成功指导的记录，或者至少能够证明你在这个领域内有一技之长。人们往往希望接受导师式指导而不是苏格拉底式的指导，因为他们想听到你的建议，他们想知道你做了什么以及你是怎么做到的。在苏格拉底式的指导方式之下，你的专业知识并不一定是讨论的内容。此时讨论更多的是你挖掘受教者专业知识、智慧和创造力的能力，以及让他人行动和承担责任的能力。因此，从来没有当过财务顾问的导师同样可以辅导其他财务顾问。

蒂姆认为，现在面临的挑战是大多数人往往“说得太多”，而不是提出那些可以让受教者自己寻找答案的有力问题。如果你有能力让你的受教者自己寻找答案，那么他们会在摸索的过程中获得更多的自主权、参与感，担负更多责任。如果他们告诉你他们需要做什么，那么他们就真的需要做什么，并且在他们完成任务之前，更有可能因为创造和激情去达成预期。

通过提出问题来帮助人们自行探索听起来很容易，但正如蒂姆经常指出的那样，这种方法的问题在于自我限制。在大多数的教育经历中，我们会因为得到了答案、解决了一个问题而得到奖励，但我们很少因为具备问出真正的好问题的能力而得到奖励。在指导过程中，许多管理者会有一种（基于良好的意图和训练的）告诉受教者答案的强烈愿望。虽然这有时会对受教者有帮助，但在其他时候，这种方法会对指导过程造成伤害，并遭到受教者的拒绝。因此，最好的导师必须有能力通过实践冲破自我限制，在他们提问而非讲述的时候进行指导。

另外，如果受教者愿意并且准备行动，那么，在不要求他更深地思考或更好地解决某问题的时候，导师是可以使用导师式的指导方式的。当受教者抵触、设立障碍、不愿意或无法找到自己的解决方案的时候，导师愿意通过更多的问题和思考，引导他们达到期望的目标。

在抵触这个话题上，蒂姆和我讨论了许多顾问不愿意被指导的事实。他在这个问题上有一些自己的见解。第一，统计分析表明，表现好的顾问实际上比表现差的顾问更愿意被指导。蒂姆推测，这是因为高端顾问具有更强的动力，不断地想要超越他人，甚至超越他们自己过去的表现。

他的另一个见解是，以他的经验来看，大多数顾问实际上比他们看起来更愿意接受指导。事实上，他说，在10个看起来不愿意被指导的人中，只有1个人是真正不愿意的，关键在于你如何进行指导。最开始的接触必须利用受教者自身的动力，而不是导师或公司的动力。

勤奋、自信、快节奏的顾问往往是以结果和成长为动力的。当他们相信指导会给他们带来更好的结果，同时也非常尊重导师时，他们就更有可能接受指导。

对于那些善良、耐心、更具反思性的顾问来说，他们追求结果的动机可能不那么强烈，或者不那么专注，但如果他们看到指导可以为生活创造更多的稳定性和安全性，他们就更容易接受训练。更具分析性、系统导向性和逻辑性的人，如果能透过清晰的过程看到背后的逻辑，并且认为训练可以提高效率，他们就会对指导持有更加开放的态度。

对于导师来说，在最初的了解阶段发现受教者的个性和动机是很重要的，这可以让他们进行适当的指导。当你把这一点做好之后，愿意接受指导的人数会快速增加。

无论受教者专注于结果 / 增长、现象 / 影响、稳定性 / 安全性、系统 / 效率，还是以上因素的任意组合，其关键都是帮助他们得到他们想要的结果。蒂姆告诉我，他发现会议上最有价值的问题之一是“成功是什么样的”。他希望学生能为他描绘一个生动的画面，说明他们想要得到的结果。接下来的每一步指导都应该与问题的答案相关，导师所做的每一个动作都应该与愿景相关。蒂姆还喜欢问：“达到目标会给你带来什么？”这个问题可以帮助导师挖掘学生最根本的动机。蒂姆也认为，如果受教者在回答这个问题时没有表现出某种程度的活力或热情，那么他很可能不会有足够的动力投入艰苦的工作，以追求那个目标。

人们经常问什么时候应该求助于内部导师（也就是你的管理者）而不是外部导师。蒂姆对此提出了以下观点：

求助于内部导师：

- 作为导师，你必须完整地理解公司内部的各个部分以及文化（也就是说，你担心你缺乏知识，从而阻碍受教者的行动）。
- 受教者尊重、信任你，能安心地对你做到诚实和开放。
- 你想在你的公司内部树立你教学方面的口碑，并有能力创造好的结果。

求助于外部导师：

- 你还没有充分拥有成为一名导师应具备的温柔和强硬。
- 在外人面前，受教者会更加坦诚。
- 你与受教者很熟，但他们可以从一个更加公正的角度获得更多收益。

底线就是不论使用哪种指导方式，你都需要让受教者最快、最大限度地得到想要的结果。

能证明你价值的最好方法就是让自己成为市场上最有用的导师。获得能帮助别人成长的良好口碑是很重要的，因为大多数人都没有这个技能。你如果希望能为他人的生活带来改变，就成为一名优秀的导师吧。但是，就像很多其他的事情一样，我们无法真正地精通这项技能。你的目标应该是每次都比上一次更好。

成功指导的 9 个步骤

在开始下面的指导过程之前，你应该知道，组织一个你和顾问之间的交流会议是至关重要的。这是一个了解彼此的机会，你可以了解受教者想要在指导过程结束后实现的目标，这也有助于确定你是否能给特定的顾问创造真正的价值。这次会议不应该是对顾问渠道的回顾，当然这可以是会议讨论内容的一部分，但是焦点应该是确定导师和顾问两个人是否合拍。如果双方都不愿意参与其中，那么这 9 个指导步骤也就无从谈起了。此外，如果顾问认为自己已经精通各项业务，那么这个指导也就结束了，甚至还没开始就已经结束了。具有增长心态的顾问总是在寻找改进的方法，直到他们的心脏停止跳动。

第 1 步，了解顾问的世界观和信仰：你对这次指导有信心吗？你认为团队怎么样？我们可以从了解潜在的障碍开始。我无法告诉你我在试图改变他人的过程中浪费了多少时间。这真的让人筋疲力尽。但当人们有明确的目的并有动力去改变时，人们就容易产生变化。一般来说，人们在感到痛苦时最愿意改变自己。

第 2 步，关注时间管理。你可以问顾问以下问题：你怎么安排自己的时间？你如何定义高回报的活动？你怎样才能做到能力提升？你如何利用资源？随着科技的进步，思路会被各种事情打断，但此时你需要帮助顾问关注真正重要的事情，帮助他识别生活中的所有噪声。一年有 525 600 分钟：请帮助顾问，让他的意图和行动步调一致。

第 3 步，差距分析。你需要帮助顾问，让他回答以下问题：你的强项是什么？阻碍你兑现承诺的问题是什么？顺便说一下，我们都有盲点。帮助他看清差距。在这一步中，你还需要分析他管理情绪的能力和自我反省的能力。帮助他确定掌握的新技能在哪个领域能得到最大限度的应用。确定他们需要学习的是资本市场规划，还是团队合作等。

第 4 步，树立个人的价值主张。你可以问问顾问：你是谁？你为什么要做你所做的事？是什么让你在事业上与众不同？你到底在和谁做生意？帮助顾问理清思路，让他们意识到自己是在帮助客户找到问题的解决方案，而不仅仅是向客户销售产品或服务。帮助顾问去探索、阐释、传递一个自信的价值主张。

第 5 步，业务发展。最好的整合资产的机会是什么？顾问的才华和激情是什么？试图说服别人从事一种既没有技巧也没有正确心态的活动是没有意义的。例如，如果选择一种你真正喜欢的运动，你就更容易坚持下去。但是如果你不喜欢这项运动，你的热情很快就会消退。你要特别留心，帮助顾问找到自己擅长的东西。

第 6 步，建立一套清晰的服务体系。基本上，这一步骤涉及创建三个服务模式，以便为每个客户提供高品质的服务。帮助顾问识别他的细分客户群，评估他提供给细分客户群的服务水平，并帮助他改进自己的服务模式。

第 7 步，分析客户会议，包括探索会议、季度评审、客户事件等。这些会议的效率和效果如何？实践结果如何？有谁参加了这些会议？顾问自己如何评价过程的有效性？他从哪里得到关于自己沟通方式的反馈？

第 8 步，关注客户反馈。帮助顾问制订适当的行动方案，让他们能系统地接收到客户的反馈。帮助顾问确定是否需要设立一个客户顾问委员会。

第 9 步，工作与生活保持平衡。作为导师和（或）管理者，你真的对顾问的幸福度感兴趣吗？还是你只专注于绩效？真正关心你所指导的人会让你成为一名真正的导师，因为一般人很难做到这一点。作为导师和管理者，你需要同时扮演许多角色，可能一个角色是治疗师，另一个角色是啦啦队队长，帮助顾问实现适当的工作 / 生活平衡。一个身体健康、思维能力强的顾问更可能在事业上不断成长，从而在业务中脱颖而出。

再强调一下，你必须赢得作为导师的权利。你的头衔并不能让你自然而然地成为导师。你应该不断地阅读、练习、接受指导，并要求对方给你反馈。在任何学科上花费 10 000 小时学习之后，我们都可以掌握一些东西。

第六章
信任是基础

积行成习，积习成性，积性成命。

——《荀子》

增长心态在信任中生根。伟大的领导者是可信赖的，并且他们努力保持这种信任。信任就是领导者从利益相关者（包括客户、顾问、合伙人以及同事）那里获得自信、信任、感情和思想。信任是领导力的基础，无论你的团队是大还是小。很简单，如果人们不相信信息的传递者，那么他们也不会相信信息本身。值得信赖的人都是少许诺、多做事的人，我的朋友约翰·德克尔是瑞银集团的一名经理，他写了一本很棒的书，叫作《成功不是秘密》。当谈到招聘和留用时，他在书中写道："信任是留用的一种重要因素。信任来源于诚实，道出真相并不总是有趣的，但总是正确的。任何情况下都可以建立信任，甚至是在一名投资顾问想要一些你无法提供的东西，或者其行为需要被纠正的时候，这些都是建立信任的机会。你如果与客户争辩，就会失去这些客户，你如果如实相告，直截了当并且逻辑清晰，就能持续建立信任。”我认识约翰很久了，他不害怕被拒绝，而且他是公平的、言行一致的。

信任的要素：

1. 信任是一种功能，即说到做到。
2. 信任是通过你提出令人信服的观点和发人深省的问题的能力来证明的。
3. 我们相信尊重我们观点和价值观的人。
4. 我们相信有能力的人。
5. 我们相信对自己的推荐有强烈信念的人。
6. 我们相信主次分明的人。
7. 值得信赖的人更关注行动而不是语言。
8. 值得信赖的领导者是完全开放透明的。
9. 那些有增长心态的人寻找机会身先士卒。

考虑以下问题：

领导力是个人的，是关于你而不是公司的品牌。

领导力是：

- 你相信什么
- 你的世界观
- 你的价值观

- 你的原则
- 你的性格

简单地讲，领导力是关于你的可信度的，而获得信任的最佳方法就是少说多做。

“我们从面试和案例分析中总结出，领导者通过能够展示他们相信别人自由的固有价值的行动来赢得信任、尊重和忠诚。”

——詹姆斯·库泽斯、巴里·波斯纳，

《信誉：领导者如何获得和失去信誉，人们为什么期望领导者具有信誉》

值得信赖的领导者将客户的利益放在利润之前，也放在争权夺利或者个人利益之前。我们知道金融市场以及办公环境会继续波动和变化，领导者需要将不确定性变为优势。我们可以用不确定性为我们自己创造竞争力，我们还需要用信任指引我们的客户挨过不稳定的阶段。

信任需要争取

伟大的领导者并不把信任当作理所当然的事情：他们争取、呵护和培养它。专业能力和信任是可信度的基础。对你的团队和客户完全公开也有助于你建立信任。

詹姆斯·库泽斯和巴里·波斯纳，在他们的书《信誉：领导者如何获得和失去信誉，人们为什么期望领导者具有信誉》中，对可信度的 6 个原则进行了总结：

1. 发现自我
2. 感激每个成员
3. 确认共享价值
4. 夯实能力
5. 从一个目的出发
6. 保持希望

我们知道领导力是一种接触性活动——领导力永远指向领导者和他们的团队之间的关系。深厚的关系源于理解，领导力需要对话而不是独白。对话只有在领导者走出办公室那个“象牙塔”时发生，并且他们需要真诚地与自己的下属沟通。如果领导者是易于接近的，他们就主动创造了一个大家认为可以安全地讨论自己想法的环境。

我相信我克服了许多作为一名年轻领导者的不足，通过持续的、有意义的沟通，我可以告诉大家，我总是把大家的最大利益放在心上。我的行动而不是语言使我随着时间变得越来越可信。如果你一开始就是一个可以信赖的人，那么如果你犯了错误并且很快承认，大家就会更加宽容。

考虑以下问题：

- 走出你的办公室！通过四处巡视来践行管理。
- 四处巡视的管理被出色的领导者李·艾柯卡实践过，并被写入了汤姆·彼得斯和鲍勃·沃特曼的第一本书《探索企业成功之路》中，这种方法是有效的。

多元化

值得信赖的领导者欣赏合伙人、团队以及客户的多样性。他们找到了把这些人聚集在一起的共同基础，他们是团结他人的桥梁建造者，他们喜欢把人团结在一起。他们建立了强大的共同体意识，从而培养了合作与信任。

希　望

值得信赖的人都很乐观，并且为他们周围的人带来希望。他们用一种向上的、充满活力的、鼓舞人心的方式谈论未来。当事情陷入困境时，他们随时可以提供支持，并且愿意做一切事情让情况好转。这类领导者常常与人沟通，并且从来不停止谈论未来。

人性与谦虚

值得信赖不等于绝对正确。人性化地对待你管理的人非常重要，这样他们也会感激你。我们不是谷歌搜索，不可能知道所有事情。值得信赖的人通常也是谦虚的人，谦虚能吸引人并且增进信任。谦虚为你自己的成长创造空间，也为其他和你有关系的人创造空间。假如你很快就下定论，人们就不太可能在遇到挑战时询问你的意见。帮助人们发现最好的答案，能够满足他们的需求。

诚 实

最后，值得信赖的人总是讲实话，哪怕这有点儿难。他们遵守承诺，假如当环境发生变化时，他们尽可能快地让其他人知道，从不控制舆论导向。我曾担任美国某财富管理公司的区域总监，我在向首席执行官汇报时，他很喜欢花时间编故事来向顾问解释新的补偿计划（调整补偿计划似乎是每年都要做的），他相信我们应该找到一个解释新补偿计划的方法，使它看起来有吸引力。通常，每个人都知道，一个新补偿计划就意味着一次简单的降薪。他这种做法的结果就是丧失了团队的信赖。简单来说，你不能撒谎，或者只说 90% 的真相，因为人们会知道你有所保留。再次强调，不要低估顾问或者客户。讲事实，最纯粹的东西最能使人振作。你如果不知道答案，就诚实地说“我不知道”，因为人们总能发现答案的破绽。

过去，财富管理与销售复杂的产品，或者接触那些低净值客户无法接触到的产品有关。今天，财富管理完全透明和简化。你的团队、同事和客户需要公开透明。员工想知道领导者做出这个决定的方式和原因，他们可以接受事实。客户想要知道成本的细节，包括如何获得补偿。请告诉他们，他们可以承受真相。

思考以下几点：

- 你如果不知道答案，就应该承认并说“我不知道”。
- 有什么说什么，不要试图捏造一些听上去很美却不真实的事情。
- 相信你的团队、同事和客户可以接受事实真相。
- 遵守承诺。

- 少承诺，多做事。
- 问自己这个问题：我说得怎么样?

当我想起从同事、上司和客户处得到信赖的管理者时，比尔的名字就会出现在我的脑海中。他是一个话不多的人，在处理公司面对的问题时，他从来不站在自己的角度看问题，而总是站在股东的角度。我跟比尔在瑞银证券共事的时候，他从来不检查或者批评我的表现，他可以看到我管理的50亿资产每月是增还是减，他会把所有关于表现的讨论保留至季度评分。当他跟我谈时，话题集中在我以及我个人和职业的需求和挑战上。听完我说的话，不管怎样，比尔都会提供帮助，比尔在与人沟通的技巧上是一位大师。不仅是他的个人技能，比尔在挑战现状、质疑问题以及摆脱某件没有意义的事情或者让它做得更好等方面的能力，都使比尔更值得信赖。他没有活在一个自我保护的封闭世界中，而是凭一己之力改善客户的状况以及他的团队。他总是很快地承认自己的错误，在任何情况下都坚持做正确的事情。我可以看到值得信赖的人的一种模式：他们不是健谈的人，他们是行动派并且遵守承诺。当有人不同意他们的想法时，他们不会固执己见。他们无论和谁交谈，都从眼神中迸发出一种自信。他们也藐视欺凌弱小的人。他们是第一个站出来支持需要发声或帮助的人。

对待客户也是同样的道理。假如你不赞同客户或者客户正在主导对话和这段关系，你的价值就会减弱。拥有能力和自信使你可以做自己。做真实的自己以及偶尔脆弱会使你比躲在面具后面更值得信任。不允许别人看到真正的你，会让他们质疑你的可信度。永远不要低估与你对话或者共事的人，不要以为他们看不穿你。最后，你的真实人格总会自己浮出水面。

丽萨·卡诺伊是美国东北部公司信托事业部的执行官，她也是美国银行纽约分行的市场部总经理。在加入美国信托之前，丽萨曾是美林银行全球资本市场部的总监，她毕业于哥伦比亚大学，之后在哈佛商学院学习。

丽萨引起我的注意是她的热情、自信和坦诚。没过多久，我就觉得她拥有增长心态。我与她坐在美国信托纽约办公室的高管餐厅里，有了以下对话：

瑞克：丽萨，你已经成功地经营了几家企业，有什么秘诀吗？

丽萨：谢谢你，瑞克。不管是领导全球资本市场部还是私人银行部，我都对工作抱有热情，信任团队，长期保持乐观。我不知道这算不算"秘诀"，但它们使我能吸引和留用一些十分有才华、有担当和很出色的人。

瑞克：对那些在财富管理行业的管理者，你有什么建议吗？

丽萨：撸起袖子扫除所有障碍，分享最好的实践经验以及说"谢谢"。对顾问、投资、信用、风险，特别是客户和潜在客户说"谢谢"。我喜欢跟我的团队一起了解我们的客户和潜在客户，我总是从团队中学到东西，当然我也希望他们从我身上能学到东西。我问这样的问题：如何发掘客户某方面的需求，如何定位我们的团队以及团队的能力，还有如何紧跟（创造）机会。

瑞克：大家都在讨论变革和费用压缩，你觉得科技在传统财富管理模式的变革中应当扮演什么角色？

丽萨：科技已经是一个彻底的颠覆者了，最重要的是，我们可以用它来帮助客户，比如减少管理、增加透明度、做更多选择、进行实时数据分析。

瑞克：丽萨，我知道你在跟客户或者潜在客户见面时非常享受，你认为他们在选择一个财富管理团队的时候最关心什么？

丽萨：客户以及潜在客户会关注很多东西。通常，一个潜在客户会告诉我他们在意一个团队的经验，以及这个团队是否跟他们有化学反应。财富顾问是否是一个好的倾听者？他或她是否具备专业能力？他们拥有一个能管理整个公司的出色的团队吗？在许多情况下，一个潜在客户希望确定他的顾问能跟他的配偶和孩子合得来。在有些情况下，拥有一项特殊的技能很重要，比如为企业拥有者在债务清偿之前做好财富规划，或者提供信贷专业知识和有关慈善的建议。

瑞克：你知道公开透明这个词是所有组织都会提到的，无论大小。公开透明对于你来说似乎是自然而然的事情，你能解释一下为什么公开透明这么重要吗？它对企业文化有哪些作用？

丽萨：公开透明对于我们的客户和团队来说至关重要。从跟潜在客户分享细节或者跟现有客户制定投资政策声明，到我们期望的每日进展，再到我们如何向客户收费，以及我们如何实现长期目标，它都一直贯穿其中。作为受托人，公开透明是美国信托企业的文化核心。除了受托人标准，我们承诺将客户的利益和目标放在首位，放在我们自己的利益之上。

第七章
认识自己

你如果对自己的情绪不理不睬，就很难读懂其他人的情绪。

——丹尼尔·戈尔曼

你是谁？不，别用你的职位回答我。如果撇开你的工作头衔、房子和车之后，你到底是谁？对于你来说，什么才重要？你认识自己吗？当你走进房间时，你知道别人是如何看待你的吗？当事情进展得不顺利时，你能否意识到你会产生怎样的反应，以及这将如何影响他人？情商就是关于认知、理解和管理我们自己情绪的能力。

不知反省的生命不值一提。

——苏格拉底

我们大多数人都熟悉自我认知和情商的概念。这些概念已经被提出来很长时间了。事实上，这个词首先出现在迈克尔·贝尔多克在1964年发表的论文中。1995年，具有作家、心理学家和科学记者等多重身份的丹尼尔·戈尔曼撰写的《情商》一书，使该词得到普及。遗憾的是，熟知情商并不代表拥有情商。做到自我认知，并保持自我意识需要运用很多工具，而很多领导者并不具备这样的工具。这是一个悲剧，因为伟大的领导力始于认识你自己。

具有增长心态的领导者会培养自我认知，让自己有更高的情商。他们有同情心，使自己能够与客户建立更深的情感联系。他们不是机器人，他们虽然有自己的流程，但同时保持灵活性，因为他们知道首先需要赢得客户的心，然后才是思想。换句话说，我们都是感情动物。因此，情感上的联系是首要的，其次才是逻辑。在过去的25年里，在我与很多领导者和顾问的访谈中，我经常会问他们，软技能和硬技能相比，谁更重要一些。事实上，每个人都认为软技能更重要。

你可能在想，我真的可以提高情商吗？虽然我不是专家，但基于我读过的书和我自身的经验，我绝对相信每个人都可以做到这一点。我曾经通过只指出一两个要点的方式指导过一些顾问，例如，对一个反对投资决策的客户，顾问会变得戒备起来，他的肢体语言会改变，说话声也越来越大。这时，他没有意识到自己的行为是怎样影响他人的。你需要集中精力，全身心地投入，才能知道别人是怎么看待你的言语和行为的。但更重要的是，你需要别人经常帮助你指出这些问题，并把它们视为改进的机会。不幸的是，在实际生活中，很多人都不知道，在多数情况下，对行为做一些很小的调整，就会对自己的事业或生活产生很大影响。有些人只是在梦游而已。

大多数领导者已经熟悉自我认知的概念。他们明白，他们需要得到他人的反馈，从而知道别人是如何看待自己的。但当事情发生在自己身上的时候，我们仍然可悲地无法准确评估。

——埃里卡·安德森，《自我管理：学会学习》，《哈佛商业评论》，2016 年 3 月

那么，你应该怎样认识自己？数以百计的书以及同样多的大师以适当的入场费或者冥想费用，向你兜售自我认知。

在我与数以千计的领导者以及财富管理专家的共事过程中，我发现那些情商高的人能够准确地评价自己。他们问自己“我是怎么想的”，更重要的是，“为什么我会这么想”。问自己这些问题应该有助于你做出更好的决定，与人建立更好的关系，并保持真实，成为你想成为的那个人。一旦你清楚自己是谁，把自己的意图和你的行动联系起来的过程就变得相当顺畅了。没有良好的自我认知，你就不能在你应该改进的领域取得进步。

询问自己：

- 我是谁?
- 我的信仰是什么？我的哲学思想是什么?
- 我代表了什么？我的信条是什么?
- 我的价值观是什么？我的原则是什么?
- 什么使我沮丧?
- 什么激怒我?

值得注意的是，那些有自我认知并花费了大量时间思考的领导者，

在考虑别人的意见和行为方面会做得更好。有自我认知的领导者可以接受自己的观点可能有偏见或缺陷这一事实，他们寻求的是更大的客观性。这种态度使他们更容易听取并认真考虑别人的意见。

我曾经为一个大型投资顾问机构提供咨询服务，我们的目标是将公司从没有增长转变为实现 10%～15% 的增长率。过去三年，公司管理的资产一直没有变化。在这个案例中，公司管理团队的成员都很有经验，每个人都有 30～40 年的财富管理行业从业经历，在经历数小时的与每一位合伙人一对一的沟通交流之后，我认为这家投资顾问机构的定位是一个伟大的服务机构，而不是一个销售（营销）和服务的综合性组织。

首席执行官认识到公司需要外部的帮助，并迅速采纳了我的建议。事实上，我给了他们 20 项建议，他们在一周之内就采纳了 17 项。每个人都变得干劲十足。起初，首席执行官并没有充分意识到自己的强项和弱点。他没有意识到自己不是销售方面的领导者，也不知道如何找到优秀的销售负责人。然而，他确实有其他有价值的技能，让自己在公司中取得了巨大的成功。这种自知之明的、谦虚的，把自我抛开以实现更大目标的态度，就是在领导力方面区分增长型公司和停滞型公司的关键。但是，在你自己的案例中，你并不需要等到痛苦不堪时再采取行动。你如果能不断地重新评估、行动并且成长，就更有可能在危机到来之前确定自己所需要做出的改变。

询问自己：

- 我能听到内心深处的声音，从而提高自己吗？
- 我如何倾听自己所尊重的人的看法？

- 我如何看待与自己相反的观点和意见?
- 我是不是只能听到那些肯定我观点的人的话而忽略其他人的话呢?
- 我能读懂别人吗? 他们的感受是显而易见的（或不那么明显）吗?
- 我的声音和肢体语言的基调和节奏是什么? （你可以在下次会议或演讲中进行录像，不需要专业设备，用你的智能手机就行了。你可能会惊讶于从中获得的对自己的了解。）
- 我经常询问别人关于有待改进的反馈意见吗?
- 我变得过于情绪化了吗?
- 我能站在别人的立场上思考吗? 我能做到感同身受，感受到他们的失落、喜悦、感激、悔恨、恐惧与爱吗?

我擅长的是什么? 大多数人认为他们知道自己擅长什么，但他们通常是错的。更常见的是，人们知道自己不擅长什么，但即使是这样，错误的观点也比正确的多。但是，一个人在擅长的方面可以表现得优异，但无法在弱项上有出色的表现，更不用说在一些根本做不到的事情上。我们需要知道自己的强项，才能知道我们的方向。发现你强项的唯一方法就是不断反馈与分析。

——彼得·德鲁克，《自我发现与重塑》

稍加努力，你就能改善与团队、客户、家人和朋友之间的关系。通过刻苦努力，你可以显著地改善与客户、潜在客户的每一次互动和交流。当你的触角高高竖起时，你会成为一个敏锐的倾听者，能够真正体会到对方的感受，在字里行间找到没有被说出来的信息。有了高情商，你就能正确地回应你周围的人，成为一个可以与别人有更深层次联系的人。如果你专注于改进，情商就会给你带来竞争优势。

第八章 管理自己，承担责任

我们度过每天的方式就是我们度过余生的方式。

——安妮·迪拉德

自我关怀创造能量

从客观上讲，你如果不能管理好自己，又怎么能管理好其他人和客户呢？而自我管理始于自我关怀（见图 8-1）。出色的领导者都会照顾好自己，他们的事业和生活都有坚实的基础，他们关注每天的小事。根据我的经验，拥有健康的生活方式是成为一个高效的顾问和领导者的前提，二者的平衡是关键。本书中提到的成功领导者都十分注意养生：吃健康的食物、定期锻炼、有充足的睡眠，以及通过不同的方式冥想。他们知道这些日常生活中自我关怀的行为对管理压力、沮丧以及焦虑十分重要，可以提升自己的正能量、效率以及注意力。照顾自己也意味着知道自己是谁。我最喜欢的关于自我关怀的书之一是《大脑勇士》，它是由丹尼尔·G. 亚蒙医生和塔娜·亚蒙护士撰写的。这本书主要写了能量、注意力、心情、记忆、体重、人际关系、工作以及健康的内在联系。我们当中的许多人都是自己最糟糕的敌人，我们常常被自己困住，甚至看不到近在眼前的光亮。拉尔夫·沃尔多·爱默生说得好："我们生命中大部分阴影都是由我们站在自己的阳光下造成的。"在个人生活中，积极向上的习惯能帮助你培养职业中积极的习惯，从而帮助你成为领导者，成功的领导者都知道这是实话。

让你的"游戏"从准时到达和充分准备开始吧。这可能看起来很基础，但我的确看到了人们因此错过了重要的会面和机会，因为他们感觉不太好或者没有完全准备好。

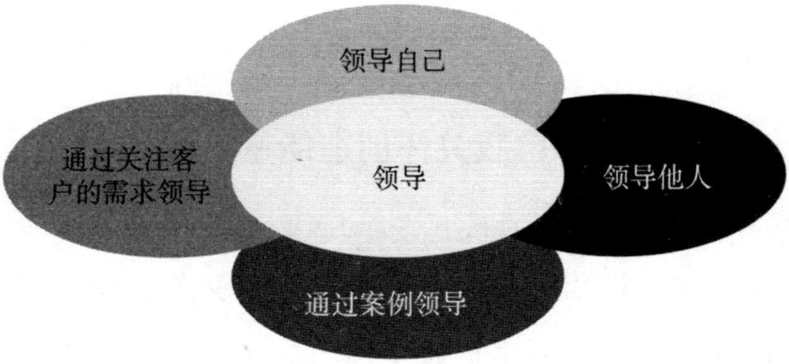

图 8-1　如何领导

突　破

如果你对这个事实感到吃惊，那是因为你不是这类人。据我估计，在这一行，超过 50% 的人错过了完成基础工作的机会，因为他们没有足够的精力去做每天必须做的事情。如果你的心态不对，你就不会去问该怎么做，因为你觉得自己没有正确的心态或者信心去面对拒绝。

你往往比那些善于自我关怀的人更容易拖延。

因为我经常出差，所以我最关心的点是维护我的健康。假如感冒或者别的状况阻碍我准时赴约或履行职责，抑或无论我的情况有多好，我都不会出席。那么，不出席就会变成我的个人标签，我就会作为一个不值得信赖的人被大家知晓，这也是为什么在我做过的超过 1 200 场的演说中，我从来没有缺席或迟到过。

询问自己：

- 我对自己的健康满意吗?
- 我是否睡眠充足?
- 我是否饮食均衡?
- 我是否留出了运动的时间?
- 我是否留出了冥想、进行宗教活动、修行的时间?

如果你对上面任何一个问题的答案都是否定的，那再问问自己：

- 为什么?
- 为什么我不关心自己的健康?

善于自我关怀的领导者不仅重视自己的身体健康，而且重视他们的情绪健康。他们一步步地减少自己的焦虑和紧张。如果你情感失衡，那么你很难在职场上进阶到高难度的“游戏”中。紧张的状态会抑制你对意外情况的注意力，也会降低你成为一个好的倾听者的机会。保持情感平衡能开启机会与可能的世界之门，说出来或写出来是比较容易的，做到这些才是最难的。因为我们都知道环境（家庭、健康、日常关怀客户的挑战）每秒都在变化。恢复力和健康的朋友圈是使自己始终走在正轨上和持续前进的最好方法。简而言之，秘诀在于有意义的、充满爱的、值得信赖的关系，以及做对健康有利的决定。你或许需要改变你与食物、他人、时间和信仰之间的关系。再说一次，一切成功都始于目的、动力和坚持的力量。

询问自己：

- 我的感情保持良好平衡了吗？
- 我是否花费了太多时间思考过去和将来，而没有专注于现在？
- 我常常后悔吗？
- 什么事情会使我在生活和工作中增加焦虑？
- 我生活中的人如何影响我的感受？我读的书和看的电视怎么样？
- 我与时间的关系怎么样？我如何处理优先级事项以避免拖延？
- 哪三件具体的事情能使我减少压力和焦虑？

现在就行动吧！

保持与自然亲近……偶尔与世隔绝，爬一座山或者在树林里住一星期，陶冶情操。

——约翰·穆尔

随着年纪的增长，我越来越关注正能量，我总是在寻找一些能带给我正能量的事情或经历。对于我来说，阅读名人传记或者与哲学相关的书、与真正积极的人相处，都能带给我正能量。关于自然的一切都能打动我，我很幸运地住在一间占地 5 英亩[①]的房子里，在那里我可以种树、劈木头，或者简单地散散步，观察自然。这种经历对我来说既神奇又完美，我与自然相爱，它总是在那里等待着我，让我沐浴在它孕育的奇迹中。对我来说，大自然是纯洁的，它是真理，它是能量，它是生长，它是生命。

如果你得到的信息不是你想要的，那么请关注你周围的人，你阅读的东西以及看的电视节目，你的习惯以及生活方式，寻找能让你充满能量的东西并培养它。生活是一场马拉松，不是短跑，所以要有计划。记住，你有选择的权利。假如你想要积极和快乐，你需要现在就做出这个选择，不要根据情况做判断（一旦 X 发生了，我就做 Y）。你的态度会影响你的事业，你如果掉入"更多"游戏的陷阱，就可能会过上一种持续焦虑的生活，这将影响你的未来。答案就是平衡、自律、感激、快乐和爱，这就是你的选择。

承担责任

任何领域的成功都需要你承担责任……在最终的分析中，所有成功人士都具备的条件是承担责任的能力。

——迈克·科达

最终，拥有正能量是对你自己、你的决定和你的命运承担责任。你在任何职业的各个阶段，都会经历一些惨痛的教训。领导者，甚至

---

① 1 英亩≈4 046.86 平方米。——编者注

是那些最受尊敬的人，都不是完人。通常，那些承认错误和失败并从这些经验中吸取教训的领导者是最值得钦佩的人。领导者不是受害者，他们不找借口，拥有增长心态的领导者会为他们的过去、现在和将来承担责任。

99% 的失败都来自那些习惯于给自己找借口的人。

——乔治·华盛顿·卡弗

空想、妄想并不会带你前进，唯一能掌控自己命运的方式就是承担它给予的所有责任。你一旦承担了责任，就必须处理眼前的事情。换句话说，你必须接受现实。

假设你和你的老板、顾问或者某合作伙伴相处得不融洽，并且这些年关系越来越糟糕，但你一直希望对方会改变对你的态度。人际关系不如意，那么你就面对现实并且基于现实做出决定。假如你团队中的某个人没有健康的生活方式并且影响了你的工作，那么你就主动采取行动。或许有两个客户不太配合你的商业模式，也许他们一直质疑你的价值，或者总在抱怨，那么你就承担相应的责任，然后做出决定。

我是自己决定的产物，不是环境的产物。

——史蒂芬·柯维

当遇到困难时，考虑一下：

- 承认现状：“我和我的搭档相处得不好。”
- 为这种现状承担责任：“我能做些什么来改善这段关系吗？”

- 明确可能的行动：“我会对自己的底线和预期更加自信，我会跟她开诚布公地谈谈我们的问题，看看是否可以找出变得更好的方法。”
- 行动。

我没有失败，我只是找到了一万种做不到的方法。

——托马斯·爱迪生

开始对话前，你要对这种状况负责，而且作为领导者，你应该寻找解决方案。你或许会失败，但这没什么，作为领导者，你可以承担失败的责任。你小心翼翼地思考过去的经历带给你的教训，吸取这些教训，继续向前。增长心态的基石始于承担责任，因为你创造、促进或允许你周围的一切环境变化。我第一次听说这个想法是在美国弗吉尼亚大学达顿商学院一位高管讲领导力的课程上，课堂上韦伯教授与在场的人分享了他的经验。我在回到办公室后才感受到它对我的冲击。

我曾做过大区经理，一位负责新英格兰地区业务的经理对客户非常不友好。那时，我对自己说，“我没有培训过这个管理者，因为我没有雇用他，我也不能容忍他或者其他任何人的这种行为。”如果我继续让他留在团队中，我就是在默许这种行为，那么这就完全是我的责任了。承担全部责任不仅是区分对错，还要做对的事情。假如你或某人在办公室或者在家办公时出了差错，无论怎样你都应该承担全部责任。即使客户不太可能从错误中吸取教训，你也需要跟他保持公开透明，客户在跟你做生意，你不要试图把责任推卸给理财经理、你的助理或者初级合伙人身上，而应该立即承担责任。

询问自己：

- 在我的工作或生活中，我正在创造或者允许哪些对我或者我关心的人没有好处的消极模式？
- 我正在创造哪些积极的事情？
- 我正在为我周围的人产生哪些正面或负面的影响？

我在本书前面部分讨论的自我认知，对帮助你诚实地回答这些问题十分有用。

最后一个问题：你在推动什么，创造什么，允许什么？允许是因为多数人没有意识到哪里需要承担责任，如果你允许的事情对你或客户，以及你关心的一切长远的成功没有好处，那该怎么办？我举几个例子，请你开始思考。

- 你允许你的团队因不尊重彼此而相处得不融洽吗？
- 你允许一个人控制并操控你吗？
- 你允许你要汇报的上司待你不公平或者不尊重你吗？
- 你能宽恕一个没有充分准备或不了解她应当理解的话题的团队成员吗？
- 你允许自己变得骄傲自满吗？
- 你允许办公室的少数人制造令大家不愉快的氛围吗？
- 你允许某个人控制会议吗？

伟大的代价是责任。

——温斯顿·丘吉尔

最后，如果你不能领导自己成功，那么你也无法有效地领导他人（见表 8–1）。

表 8-1　领导者与牺牲者的显著特点

领导者 / 原因	牺牲者 / 影响
承担责任	批评
积极主动	被动的
有决断力	拖延
行动派	光说不做
有选择	没有选择
可能性	局限性
有力的	无力的
能控制自己的情绪	会受他人情绪影响
有主动权	找借口
乐观主义者	悲观主义者
我承诺	我会试试
现在	某天

横在一个人和他想要的生活中间的唯一一件事情，常常只是尝试的愿望或者相信一切皆有可能的信念。

——戴维 · 威斯科特

第九章
招募并留住顶尖人才

我成功的秘诀在于尽最大努力雇用世界上最优秀的人才。

——史蒂夫 · 乔布斯

具有增长心态的领导者能意识到自己需要招募人才，开发和发挥他人的才能。这样的领导者非常注重吸引和留住顶尖人才，他们不仅在各项业务中寻找可以胜任的顾问，而且寻找那些可以与公司共同成长的人才，并让公司充满活力。你的办公室就是寻找人才的最佳地点，你应该持续寻找新顾问。这是唯一掌控自己命运的方法，确保自己不被那些不适合公司文化的人挟持。

在过去 10 年里，我曾经通过各种渠道向管理者提出如下问题：如果有一支魔法棒可供你使用，你们会替换掉的顾问所占比例有多大？他们的答案通常在 10%~30%。不论怎么看，这都是一个很高的比例。我是这样解释的：这些团队、部门或公司的最佳效率或最大的成功率可能比理想状态低了10%~30%。我的观点是，你仍有建设你期望的公司文化的空间，你只需要吸引那些能更好地服务于客户、更适应你的整体战略的顾问就行了。

当我是一名经理的时候，我向我的团队成员提出了一个激励措施，拿出他们过去12个月产出的2%，作为那些成功介绍他人加入团队或在招聘过程中提供帮助的成员的奖励。让自己的团队在招聘中发挥作用与招聘新人一样重要。如果你现有的团队成员不开心，他们就不会积极地向他人推荐机会。事实上，如果他们对现状不满，你就可能面临留不住人才的问题。我也曾经简单地通过拿起电话介绍我自己来招募顾问。但是，在偌大的市场上，这个策略会让你在很长时间里都非常忙碌，因此，利用外部招聘人员也是一种有效的策略。和专业的招聘人员一同工作的经历很好。但在我雇用应聘者之前，我会提前和招聘人员建立联系。我希望他们知道我们的故事，从而让他们知道谁是合适的人选。

招聘必须从一个宏伟的愿景开始，此愿景包括未来1年、5年甚至10年的市场或公司的样子。招聘人员需要做一个承诺，一个有力的承诺。我的一位来自瑞银集团的老朋友就提供了打造正确企业文化的最好例子。约翰·德克尔和我都曾经在瑞银工作，我视他为世界上最好的招聘人员之一。他在这方面有什么秘诀吗？他很喜欢竞争，喜欢胜利，但从不沾沾自喜。正如首席执行官安迪·格鲁夫所说的："成功滋生自满，而自满滋生失败。只有偏执狂才能生存下去。"约翰成功的另一个秘诀是他能让才华横溢的人围绕在他身边。他会第一个告诉你，没有很多人的帮助和合作是无法开展一项业务的。最后，约翰最大的激情就是鼓励和激励其他人，让他们发挥全部的潜力。当我在 1990 年首次成为一名管理者时，约翰就告诉我一些让我铭记在心、对我大有裨益的话。他说："瑞克，你要学会热爱招聘。"约翰拥有竞争心态，他对与最有才华的人一起工作的重视，以及他给予的鼓励和激励，使他成为顶尖的人力资源师。此外，正如我之前所说的，关注细节很重要。约翰对重要的事情从不敷衍。要想成为一名优秀的招聘者，你需要有条不紊。

招聘过程始于建立一个优质的人才库，并且不要让它枯竭。当你遇到一个潜在的新顾问时，你就像发起了一个讨论客户需求的会议。如果你觉得对方可能适合你的团队，你就可以探讨、发现关于对方的一切了（当然是在恰当的人力资源实践范围内）。比如，家庭方面，他和孩子住在哪里？孩子们搬到外面住了吗？他们在上大学吗？他需要照顾自己以及岳父母吗？他对什么有激情？他怎么度过空闲时间？我喜欢问顾问这样的问题：如果不考虑钱的问题，你会选择做什么？在谈话中，我希望双方都做充满激情的事情，让我们能建立联系。毕竟联系要建立在共识的基础上。如果你有天生的好奇心，你就会在此过程中学到很多东西。最后，我想知道，是什么支撑他们每天从床上爬起来的，他们希望实现什么，他们的长期目标是什么。一些顾问对未来的前景已经非常清楚了。对于另一些顾问来说，这有点儿模糊，因为他们从来没有花时间思考和计划。这是一个很好的机会，可以帮助他们谈论他们的业务、他们的目标，以及在实现这些目标的过程中所需要的资源。当一切都讨论完毕后，我会想办法赢得他们的青睐，但不是通过许下无法兑现的承诺的方式。如果说我真的有一个成功吸引人才的秘诀，那么它或许就是树立一个良好的信誉。人们如何评价你的信誉？你必须有足够的韧性才能从事日常的招聘活动，而且你必须让自己被有能力的人围绕着，这些人可以使顾问和客户的业务开展实现无缝衔接。

在过去 25 年里我所处理的所有招聘和交易中，有一件事是确定无疑的：如果谈判桌上的两个人没有足够的动机，这笔交易是无法完成的。我学到了每个人的动机都是不同的，但这并不总是与钱有关。顾问们出于不同的原因而跳槽，但总的来说无外乎就是推力和拉力。这两边的谈判我都经历过，我发现，你越了解你的市场、价值和竞争环境，你在谈判中的地位就越有利。换句话说，你需要提前做好功课。如果顾问只想谈论金钱或待遇，那么这对于我来说是一个危险的信号——我并不热衷于那些只专注于待遇的人。最好的顾问专注于三件事：第一件事是为客户服务，他们视关心客户为第一要务；第二件事是企业文化是否匹配自己以及自己的团队，他们关心的问题是自己在这里是否快乐，管理团队的目标是否卓越；第三件事才是总体薪酬。

如何吸引顶级顾问是一门艺术。顾问一般都想百分之百地获得他（她）想要的，但我们知道在大多数情况下这都是不可能的。因此，你需要帮助顾问优先考虑对他们最重要的事。哪些事情是有弹性的？帮助他们明确自己的首要任务不仅是自己谈判的基础，还是决定双方是否合适的基础。谈判是一个高度情绪化的过程，一些人力资源师却能很好地处理这个问题。帮助顾问发现什么才是真正重要的事情是你的工作，此时你和顾问坐在桌子的同一边，处在同一个阵营。建立信任是招聘和谈判中的首要任务。在这个过程中，消除信任的最快的方式就是违背承诺。我认为违背承诺就如同约会迟到或者承诺邮寄某物而忘记做一样。但是，大多数人没有足够的自律以履行他们的承诺。

因此，如果你想脱颖而出，就要做到注意细节。坚持下去，遵守诺言。

在招聘管理者或顾问的过程中，人们最容易犯的错误就是僵化。没有人愿意和缺乏灵活性的、顽固的人打交道。这并不意味着说“不”从来都不会发生或者说“不”不应该发生（只会说“好”的人同样需要引起注意）。如果答案是“不”，你应该怎么表达出来？同样，在这种情况下，你的情商就能发挥作用了。我曾经和一个合规经理合作过，她喜欢说“不”——她只是喜欢那种反应，喜欢那种力量。我从不喜欢说“不”，因为我想成为一个讨人喜欢的人。因此，如果必须说“不”，我就会试图表现出极大的无奈。

我在招聘过程中看到的一个错误是把你的公司和另一家公司进行比较。通常人们错误地把苹果和橘子做比较。不管你是在一家独立公司、经纪公司、银行信托还是注册投资顾问公司工作，行业内的每一家公司都是不同的。除了行业整体外，有时候投资顾问还会对你的公司能提供的技术、平台、支持、文化、总体薪酬和提成做出假设。你对每件事都保持坦诚是至关重要的，但要确保细节被清楚和正确地表达出来，这样将来就可以避免很多误会。

雇佣不代表招聘

雇佣和招聘是两种不同的技能。如果把雇佣比作开车，那么招聘就像驾驶一辆一级方程式赛车。换句话说，当你雇用别人的时候，你是买方；当你招聘的时候，你就是卖方。招聘顶尖人才需要很多技巧和辛勤的工作。这些人通常有很强的业务能力以及很多可供选择的机会，而且他们对这一点非常清楚。

考虑以下问题：

- 关注背景优势和人物性格特征。
- 关注最近三年的新增净资产记录。公司的业务是在增长吗？
- 寻找真正欣赏别人的人：永远不要忘记我们是在做人脉生意。再一次强调，文化真的很重要。
- 寻找友好的人。友好是一种内在品质，在我们的人脉中，它和硬技能一样重要，也许它比硬技能更重要，因为它不能传授。对于我来说，“友好”意味着把客户的利益放在首位，尊重每个人。
- 做“感恩节测试”。你能请这个人与你一同庆祝感恩节吗？

与你想从招聘过程中得到什么同样重要的是，你不想从中得到什么。不要只看简历，你要招聘的是人。我保证这不会降低你招聘的成功率。我想从那些招聘的失败案例中找到招聘的最佳策略。加入你团队的人会影响人员留用和工作氛围。不要招那些更愿意整天坐在电脑屏幕前，而不喜欢和人交往的人。未来软技能和人际关系将更具价值，所以也别雇用那些因被聘用而沾沾自喜的人，要雇用拥有主人翁心态的人。判断一名顾问未来成功与否，标准就是他在校园或离开校园后的创业经历。成功的人有很强的人际交往能力和商业头脑。

具有增长心态的领导者会花很多时间观察外部世界。他们会关注自己的竞争对手，也会关注商业、经济、技术和社会趋势，还会关注世界，集中精力体验世界。你越好奇，旅程就越有深度，越有乐趣。

在第七章中，我们讨论了自我认知。我坚信伟大的领导力始于自我认知。自我认知与冥思苦想无关。这是一个起点，让领导者开始获得能帮助自己观察外部世界的工具。

所有伟大的领导者都知道这一点。然而，并非所有公司都能按这一点去做。一个公司，不论大小，当它想要看看外面的世界的时候，都需要我提供的服务。他们想用词语评估自己的表现，找到改善客户体验和业务成果的方法。实际上，他们现有的所有衡量方法都只使用了内部标准。因此，相对于竞争对手，他们不知道自己表现得怎么样。

询问自己：

- 相对于竞争对手，我们的公司做得怎么样？
- 在市场中，我的主要竞争对手在做哪些有用的工作？我们也应该这样做吗？
- 在市场中，我的主要竞争对手在做哪些无用的工作？我们应该避免同样的错误！

你要一直用一只眼睛来盯着你的竞争对手，当然，如果能用两只眼睛就更好了。如果你做得好，你也不要自满。尝试养成持续评价竞争对手所做的事情的习惯。你会从他们的成功中学到东西，也会从他们的失败中学到更多东西。

花些时间，慢慢来

你招聘的每一个人都必须与你的组织的愿景、文化和战略保持一致，对前台接待、助理、团队领导和总经理来说都是这样。招聘那些适合你的国际化服务模式的人，用你的服务模式树立品牌。

伟大的领导者重视招聘，而一般的管理者则没有花足够的时间寻找那些能帮助他们业务发展的合适人选。不在招聘中投入必要的时间和资源，是我看到的很多公司犯下的最大错误。其他错误包括：

- 过于专注于把公司推销给新入职的人，而不是把公司推销给自己。你的附加价值是什么？什么使你与其他的管理者不同？
- 试着自己包办所有事。你应该让你的团队参与更多事项，并给他们展示的机会。
- 没有真的听进去招聘过程中的要点。不要做出假设，而要评估眼前这个人是否适合你现在的公司和团队。

改正所有错误的方法很简单，只需要你多花一点儿时间。我希望你能花更多的时间来寻找和鉴别那些有能力，并且能适应你努力建立起来的企业文化的人。

先让正确的人上车，让错误的人下车，之后让正确的人坐在正确的位置上，他们就可以确定车前行的方向。

——吉姆·柯林斯，《从优秀到卓越》

总给顾问展示事情的全貌：好的部分，坏的部分，可能还有丑陋的部分。问一些开放性的问题，然后闭嘴。仔细倾听，并要听出那些没有被说出来的言外之意。我总是喜欢这样开头：“聊聊你自己，你是在哪里长大的？”不可避免地，我会问：“你认为在接下来的 5 年里，什么对于你来说是最重要的？”我还会问：“在管理自己的实践中，你采用了什么样的做法？你的投资理念是什么？”我会提这些问题，然后全神贯注地倾听顾问的回答。

你需要有一个明确的流程。我认识到的招聘中最大的错误之一就是不在办公室里面试。办公室是所有后续了解的起点。留用与招聘一样重要。作为一名管理者，我知道，如果我能让每个人都高兴，那么我就成功了。

我总是强调合作伙伴这个词。合作伙伴意味着双方都必须履行诺言，履行各自的承诺。如果我既是领导者（经理），又是一个好伙伴，我就能创造一个良好的工作环境，如果我不能做到这一点，我可能会是一个差劲儿的伙伴。顾问都很聪明，而且他们也很谨慎，只要受到了不公平的待遇，他们就能敏锐地察觉出来。最终，良好的伙伴关系将建立信任和合作。当经理为顾问辩解的时候，大部分时间都不是在帮助顾问，而是在帮助客户。

积极的态度

不管是和你一起工作还是为你工作，你都应该能列举 5 个理由来解释为什么别人应该加入你的公司。最好的理由是你可以帮助他们发展他们的事业。作为领导者，你能做的最重要的事情之一就是帮助顾问借助公司的平台，整合公司的内外部资源，只有这样才能帮助顾问开展业务，以更好地为客户服务。你需要提供指导，因为你已经具备了娴熟的技能，并且有能力向顾问提供帮助。你应该组建一个杰出的团队，为每个成员都提供良好的支持。只有这样，当走进办公室的时候，他们才能进入最佳工作状态。团队里每个提供支持的人都应该是超级巨星。如果不是这样，那么你就该问问你自己为什么会这样。

直言不讳

正如我之前所说的，少承诺，多做事。有些人的记忆力很差，所以尽可能多地把内容记录在纸上。灵活一点儿，但不要让你的正直有所妥协。

说到做到，言行一致

招聘新人之后，你要尽快把他介绍给团队其他成员，并在下次会议上再次介绍他。记住，尊重和忠诚是无法强制的，你只能赢得它们。从一个公司跳槽到另一个公司，新员工是非常脆弱的，更不用说其中还伴随着客户的转移。前几个星期，你要敏锐地察觉新员工的情感需求。我曾犯下的错误就包括没有及时发现新员工承受的压力。当他告诉你一切都很顺利，每个人都很好的时候，你就要有所警觉，因为他说的通常不是事实。很多新员工都会把问题弄得更加复杂。不管办公室有多大，我每天都至少向所有的新员工打两次招呼，一次是在上午，一次是在下午晚些时候。我会向每个新员工提出至少一个问题，而我最喜欢问的就是“我能帮你做些什么”。

招聘只是起点

一旦你招聘到了极具天赋的人，你就必须不断地带领他们提升价值，因为这是唯一可以减少人员损耗的方法。提升价值对于不同的人来说可能意味着不同的事情。从业 5 年的人追求的东西和已经从业 25 年的人追求的东西有所不同。你无法让所有人都适应一个标准，只关注你能控制的你所创造的环境。大多数人都会感激你做出的努力。记住，招聘是一项需要不断互动的活动。

第十章
组建杰出的团队

一个强大的机构实际上意味着：在这个组织中，通过使集体获得成功的方式，使个人拥有获得成功的知识、技能和实现愿望的机会。

——史蒂芬·柯维

未来，有效的财富管理实践不仅基于优良的战略、合理的资产配置模式、先进的科技，还包括吸引能融入团队的人才。公司、办事处或者团队的终极竞争优势就是把团队合作当作企业文化、愿景和战略的一部分。一切都始于团队中有哪些成员，如果团队中的某人喜欢单打独斗，那么这可能意味着团队本身已经出现问题。我的堂兄——我最好的朋友，热衷于骑他的哈雷摩托车，一年大概能骑行 2 万英里。他喜欢独自骑行，因为他不需要向他人妥协。你如果跟一个团队一起骑，就需要照顾那个骑行速度最慢的人，而且停留的次数也会增加，目的地也需要跟大家保持一致。因此，我的堂兄在大多数情况下只愿意自己骑行，显然他拥有自由的精神，凡事有自己的节奏。对于他来说，身处团队仿佛窒息了一样，但是，假如他找到了跟他有相同的价值观、目的地、耐力的骑手，那么也许团队的方法对他也能奏效。

选人的底线是一些人天生就没有成为好队友的潜质。即使是那些在团队环境中生存下来的人，也需要定期参加正确的培训，这是因为事情总是在变化。一个团队总是在不断地发展，团队的力量必须持续培养。让一个团队走上顶峰需要决心，而维护一个高质量的团队需要更多的耐心。为什么会如此困难？因为我们都不一样，我们的风格、策略和动机都不一样。时刻都可以做自己想做的事情，而且不用负责任，这听上去很吸引人，但当你身处一个团队中时，你是不能有这样的态度的。

一致的目标和清晰的分工可以让不同的人组成一个团队。为什么这个团队在做这件事？他们希望解决什么问题？他们不应该只为了报酬而工作，还需要为了客户而工作，每个人都需要感受到他们有一个共同的目的。看看那些杰出的体育团队，毫无疑问，那些有着明确目标的球队配合得十分出色。明确地定义团队表现，以及当团队表现不佳时开诚布公地讨论解决方案，这是十分重要的。

招聘顶尖人才是组建杰出团队的关键一步，组建杰出团队需要领导者拥有增长心态并且持之以恒。组建杰出团队除了要把人聚在一起，怀抱美好希望，还有一些技巧我们可以遵循。团队相处也不是一件易事，有时候你需要支持其他人、妥协、沟通（也许你此刻并不想如此）。成功的团队肯定是随机应变的。

尽管在财富管理行业有许多情况我们无法控制，但创造表现优异和成功的团队绝对是可控的。

精英团队的构成要素见图 10–1。

图 10–1　精英团队的特征

团队中的成员需要：

- 信任彼此
- 尊重彼此
- 欣赏彼此
- 喜欢成功，喜欢胜利

客户在一个优秀团队面前可以感受到，自己像在听杰出的乐队演奏，而你就是指挥乐队奏出优美乐曲的人。

精英团队

在贝莱德组织的一个关于精英注册投资顾问的调查中，有 44% 的参与调查的人表示为他们的客户提供服务的是团队而不是个人，这个比例在其他投资顾问公司中仅占 30%。相反，这些投资顾问公司分配将近一半（49%）的顾问去服务个人客户。此外，74% 的精英投资顾问表示他们设立了一个投资决策委员会，而在所有其他依赖首席投资官和高级分析师的金融公司中，此项比例是47%。在银行信托领域，团队发挥着重要作用。尽管团队驱动的模式还没有被大公司广泛采用，但它是一个趋势，我相信它可以代表以往行业内最大、最好的公司所运用的服务模式的重大转变。

以团队方式来服务客户是一个有效的转变，专业团队在任何一家公司都可以提供更好的服务以及提升财富管理等方面的经验。由于日益激烈的竞争以及高净值客户的更多需求，凭一己之力就在财富管理行业做到面面俱到是十分困难的。

通常来说，团队由4~5个专业人员组成，这些专业人员包括组合经理、金融规划师、信托顾问、公关经理以及业务发展经理，有时候公关经理和业务发展经理可以由同一个人兼任。

这种团队面临的最大挑战是在所有环节中都保持强大的领导力，或者能从头跟到尾。大多数时间大家配合得很默契，但当一个人在探索会议中承担了领导者的角色并实际为客户的账户服务的时候，情况就会发生变化。这个角色通常由公关经理扮演，公关经理是一名拥有所有出色完成工作所必需的技能，还很擅长业务发展的领导者。我认为这是将团队的效率提升至新高度的最好机会。

我会再次为领导者的武器库加入一个新武器——导师。导师在每次团队面对客户时和每次会议汇报时都能坐在前排。如果导师被团队中的成员信任和尊重，并且能够对整体的方法、风格和传授方式做一些改进，那么他（她）可以对团队的整体表现产生重大影响。

多数公司致力于帮助顾问提升软技能、人际关系技能、销售技能。过去，顾问通常只是管理投资组合并且跟客户建立良好的关系。但是现在，服务的形式正在发生变化并将持续改变，对顾问的要求更高，他们需要高效地管理以提高生产力，从而有更多时间来深化客户关系和赚更多的钱。他们的报酬只有一部分基于管理净资产的增长，简单地说，仅充当金融分析师的角色已经不够了，顾问还需要出色的人际关系、合作沟通技巧，才能为客户和团队提供出色的服务。

在经纪自营商或独立的经纪商（经销商）的工作中，尽管现在我们还有很多事情要做，但组织对团队的关注度在过去 20 年中始终在稳步增长。从垂直型组织到扁平型组织，总有些团队比其他团队更高效。自从我们的顾问队伍年龄渐长，团队组织和继任计划就更多地成为各类组织正在做的事情。

最终，这对客户意味着什么？这仅是为了个人的收入吗？多年来，在观察了所有渠道的不同模式后，我绝对相信一个高效的团队提供给客户的帮助比一个独立的个人提供的帮助更多。我问一个团队中的成员："你们跟其他人有什么不同？"他们快速地回答："我们在一起工作得特别好，我们可以提供更好的客户服务、综合金融规划、杰出的投资流程和扎实的业绩表现。"

记住，能让公司变得不同的不是团队本身，而是高效、活力、机智、对客户的宽容，以及成员彼此之间的友好关系。

一个精英团队：

- 一切都与人有关
- 充分带领整个公司
- 崇尚速度与合作
- 传递严谨的财富管理流程

在一个精英团队中：

- 每个人都可以明确地表达自己的信念以及价值观
- 每个人都需要基于客户的目标提供出色的客户服务，以及获得投资业绩
- 每个人都要为获得新客户和资本增长做出努力
- 每个人都积极地建立客户忠诚度
- 每个人都尊重和信任他人
- 每个人都致力于提高业绩，团队成员之间会互相挑战并寻求反馈

失衡的团队

成功的团队帮助公司增加收入、扩大规模、增加利润、提高市场占有率、改善客户及雇员的满意度。如果团队运作失调了，这一切就没有意义了。不幸的是，我相信在财富管理行业，大多数的团队都没有在最好的状态下运营。尽管许多财富管理公司对团队组织和团队建设有美好的初衷，但更多的团队是功能失调的。

当团队成员出现如下情况时，团队就不再高效了：

- 不完全信任彼此
- 不完全尊重彼此
- 害怕冲突
- 有不同程度的承诺
- 在改进上花费很少的时间或者不花时间
- 不认可彼此
- 允许个人膨胀，妨碍集体

- 沟通技能较差
- 不完全感激和理解竞争
- 不看重速度以及没有紧迫感
- 缺乏能够创造价值的活力或者正确的技能
- 一心不想待在团队中

最重要的是，当团队没有一个明确的领导者时，团队就不再高效了。我所指的并不是行政上需要向他汇报工作的领导者，而是参与过程的领导者。

如果一个团队没有了领导者，那么没有人可以把大家聚在一起。一个团队是如何构成的（如扁平的、垂直的、依情景而定的）对它的成功至关重要，但对特定的项目或组织却有所不同。领导力从来都不是一种特别的东西，因为每个团队都需要一名责任明确的领导者。

良性冲突

良性冲突需要用专业和包容的方式来解决。出色的团队有良性的辩论、未经过滤的想法，以及反馈。没有人愿意在鸡蛋壳上行走，每个人都知道良性冲突对团队的成功十分重要。多元化想法总能带来更好的客户反馈。

尽管“冲突”这个词带有一些负面色彩，但良性冲突没有讽刺、贬低和个人攻击的意思。良性冲突的特点是团队成员互相尊重、互相倾听、互相理解，以及通过辩论寻求解决方案。这也体现了情商的重要性，一个情商低的团队总是很难改进。

放 权

最后，也是最重要的，伟大的领导者应该对他的团队放权。这些领导者会很快发现，真正的力量来自其他人。只有释放每个人的力量，一个团队才能取得非凡的成就。作为领导者，你通过放权来展现分享权力的意愿，这表明你信任团队成员，这样你就可以加速前进。自由和创造性来自被放权的团队，虽然组织架构以及边界也十分重要，但没有放权就没有团队的出色表现。

思考以下问题：

- 认可十分重要：意识到你团队的成员是人而不是顾问，认识到他们的目的不仅包括生产或资本增长，还包括达到他们的个人最好状态，取得重大成绩，以及迎接他们生命中的特殊事件，比如家庭成员的增加。假如约翰当了爸爸，那么你就和大家一起为他庆祝。领导者要认识到正确的行为，而不仅是成功的结果。

理想的队员：

- 拥有增长心态
- 是谦虚的
- 拥有高智商
- 信任和尊重他人
- 欣赏他人
- 有自信
- 能胜任工作

一起赢的团队，也会一起输和一起成长。虽然风险足够大，但团队成员可以很好地合作并且快速行动。假使风险高，团队也要勇敢，力图爬上一座更高的山。注重大局，人脉会更宽广。这样做，领导者可以改善自己的表现，但不要与现实抗争，不要强迫大家一起工作，就像你不能阻断河流一样，所以，不要在对抗现实上浪费精力了，也不要在激励那些无法被激励的人上浪费时间了。但是，与团队中那些有动力的人一起工作，会为客户关系带来意想不到的结果，这就像魔法一样神奇（见图 10–2）。

图 10–2　为客户提供定制化财富管理的人力金字塔

第十一章
鼓足勇气，率先做出改变

站出来说话需要勇气；坐下来倾听同样需要勇气。

——温斯顿·丘吉尔

具有增长心态的领导者有勇气。直觉上，我们都能认识到这一点，但这究竟意味着什么？对于我来说，这意味着人们要在困难的境遇中表现出自己的勇气，要擅长做出艰难的决定，要用行动而不是话语来展现勇气。你如果在自我管理和自我关怀方面做得不够好，就更难拥有在艰难环境下做出正确决定的勇气。自信心也许是关键，但你还需要技能、知识、经验，以及正确的态度，只有这样，你才能让自己勇往直前。

克服恐惧

人生最大的乐趣是做到那些别人认为你做不到的事。

——沃尔特·白芝浩

有勇气并不意味着永远不害怕。勇气意味着尽管害怕，你却能有所行动。你距离恐惧越远，恐惧就会生长得越大，你给予它的力量就越多。伟大的领导者能直面自己的恐惧，并让成功成为现实。

在我的职业生涯中，让我害怕的事情之一就是在公开场合讲话。作为一名顾问，我非常渴望主持我们的研讨会，但我也知道害怕公开演讲这一点会阻碍我实现这个目标。为了克服我的恐惧，我开始为研讨会邀请嘉宾。我从简单地将嘉宾介绍给研讨会成员开始，随着时间的推移，我的介绍时间越来越长，最终我成为主讲人。

思考以下问题：

1. 说出你的某种恐惧。
2. 问问自己害怕失去什么。
3. 想一想克服它的方法。

领导力需要勇气，因为领导力要求我们按照自己认为正确的方式行动，即使在困难的时候我们也要这样行动。勇敢的领导力就是你即使在没有安全绳索保护的时候，也能践行自己的原则和价值观的能力。这也意味着，哪怕冒着个人或职业生涯的风险，你也要做正确的事情。

询问自己：

- 在我的职业生涯中，做什么样的决定或采取什么样的行动需要最大的勇气？
- 我是否经常充满勇气，即使付出了个人或职业上的代价？我是否会以短期和平的名义妥协？
- 我是否有勇气听取来自客户、顾问和合作伙伴的不同意见？

勇于雇用和解雇人才

没有什么比在雇用和解雇人才方面更需要体现勇敢的领导力了。要有勇气为岗位雇用合适的人而不是安全的人。遗憾的是，在我们的工作中，首席执行官通常不是直接用最合适的候选人来做他们的直接下属，而是选择那些需要被安抚的人（例如，威胁别人说自己要离开公司的人）。在做出聘用决定时，你能做的最重要的事情就是吸引合适的人去充当正确的角色，并让他们负起责任，而这个过程需要你有能力、有信心并充满勇气。

同样，你也需要有勇气去解雇别人。在你做出聘用决定的时候，你不可避免地会犯一些错误。但是你如果逃避错误而选择视而不见，就会让你的错误越来越大。一个人不适合现在的办事处或公司有很多原因。你应该有勇气代表整个团队和所有股东做出正确的事情。一个不合格的雇员会毁掉你辛苦营造的团队文化。我有一个朋友，他是我见过的最有经验的管理者之一，他很喜欢提醒其他领导者：那些为你工作的人和向你报告的人不是你的朋友。你需要意识到自己在经营一个企业，因此，不管你多么喜欢某人，都不要把你的工作和友谊混为一谈。友好相处，和他们建立关系，但记住他们不是你的朋友。就我个人而言，我花了很长时间才真正理解这一点，因为我也曾经试图和下属建立深厚而亲密的关系，但友谊绝对不能成为你为股东服务的阻碍。用这种方式进行管理的领导者，只是想取悦每个人并得到所有人的喜爱，但总有一天，他会发现这样做并不是在开展业务。就像我朋友所说的："我们来这里不是为了结交新朋友。"这不仅仅与你雇用或解雇了谁有关，而且与做出正确的决定并且不产生过度情绪化的结果有关。当然，这一点说起来容易做起来难。

批判视角：领导、欺侮和尊重

我们很早以前就对欺侮行为有了清晰的认识。然而，它仍然存在于今天的美国企业之中。你可能不想把某些行为贴上欺侮的标签，这很正常，现在我们把你的某些行为称为不敬，或者称为自我过度膨胀。这些行为会让其他人感到非常不舒服。你怎么称呼这些行为都可以，但你要知道谦逊、尊重他人、勇于承认错误的领导者总是会胜过那些自恋的领导者——仆人型领导者。谦逊的领导者不滥用权力，他们赋予别人权力。这一点不容置疑。当一位谦逊的领导者走进一个房间时，他会充满热情地说："原来你在这儿！"而当一个恃强凌弱的领导者走进房间时，他会说："我来了，大家看着我。"你要勇于面对欺侮者和傲慢无礼的人。如果你没有勇气这样做，那么不站起来反抗的遗憾将会永远伴随着你。我曾见过许多傲慢的人，同时我也谴责那些能容忍这种行为的公司。

任何组织都不能容忍恃强凌弱者。一个欺侮者，不管他是顾问、经理还是首席执行官，都会对一个组织的文化、能量和生产能力造成巨大伤害。欺侮者具有如下特征：

- 喜欢掌控、威胁他人
- 缺乏同情心
- 喜欢奚落和挫伤他人
- 喜欢与那些默许他的行为的人在一起
- 缺乏信任他人的能力
- 滞留信息
- 以充满侵略性、情绪化的不成熟方式行事
- 非常关注权力、荣誉和认同
- 要求新人为他们服务
- 专注于自己而不是团队，经常表现出非常自私的行为
- 经常快速地做出判断
- 通常处在消极反抗之中
- 无法接受不同观点
- 仅能提供基于自己世界观的解决方案
- 把失败归咎于他人

容忍组织中恃强凌弱的行为会影响你的利润和生产能力。你必须立即根除这些行为，原因就是这么简单。

思考以下问题：

- 拥有坚持信念的勇气。你如果为恃强凌弱者工作，就要平静地表达你的感受，并说明为什么欺侮行为是不恰当的。你要保持冷静，更重要的是，要表现得专业。如果那个人继续做不得当的事，那么你就去人力资源部门投诉。任何人都不应该为恃强凌弱的人工作。如果你觉得这就是你所处的工作环境，你自己已经无法改变这种情况，那么你需要离开。这同样需要勇气。

成为作者和演讲者的好处之一就是你能遇到很多非常聪明、有激情和热情的人。我对我采访过的人都怀有最崇高的敬意。戴夫·凯利是真正睿智并且擅长管理的人之一。我很高兴在美丽的加拿大多伦多TD 大厦的办公室里与戴夫会面。从 35 楼向外看，多伦多的景色非常怡人。戴夫领导着大约 1 200 名顾问，为多伦多道明银行的高净值客户提供财富管理服务。他是那些为数不多的，既能在极高的视野和格局下谈论战略和愿景，又能像导师一样与一线投资顾问进行交流的人。根据我的经验，我们公司的大多数人都无法同时做到这两点。

我对戴夫的第一印象是他谦逊的作风和对业务定位的坚定信念。在 20 年的从业经历里，戴夫说：“我从未见过如此迅速的变化。”但他能开放地接受这一变化,因为他相信技术会改善并提升客户的体验。他也是第一个推出一体化高净值财富管理产品的人，这种产品在统一管理结构下同时为经纪公司、私人银行、私人信托以及自由投资顾问服务。随着时间的推移，他希望自己的公司能朝着真正以客户为中心的团队薪酬模式发展，毫无疑问，他知道这是一项棘手的任务。在这种模式下，投资顾问就像四分卫——他们是最关键的人。

像大多数人一样，戴夫相信，要想真正地满足客户的需求，你必须提供除投资之外的建议。他认为探索会议是所有会议中最重要的一种，顾问不应该把这种会议委派给其他人："在探索会议中，你能为客户创造价值。高净值客户一般不会像其他客户那样对价格特别敏感，但他们对价值非常敏感。高净值客户已经准备好为宝贵且有价值的建议和服务付费了。"戴夫接着说，"2008 年之后，客户对合作的预期比之前要高得多。"戴夫希望顾问们能找出下列问题的答案：谁对于你来说是重要的？什么对于你来说是重要的？对于一个家庭来说，你希望达到什么目标？而此时，谈话将围绕家庭的愿景和价值观展开，而不是聚焦于客户拥有和欠下的钱。我们需要了解客户看待财富、风险的方式，以及可能导致他们偏离原计划的原因。对于我们来说，我们面临的挑战是如何简化客户和顾问之间关于上述内容以及后续计划的交流。"

当我问戴夫对机器人有什么看法时，他说：

大多数顾问都对机器人和金融科技心存忧虑，然而，我的观点是，技术将帮助顾问提供更具吸引力的客户体验。我认为科技可以改变当前的财务规划方式，把客户从一个满是表格和图表的 98 页的文件中解放出来，例如，几年前我曾经给金（戴夫的妻子）做过一个财务规划，但我现在都不知道我把那个规划放在哪里了。科技也可以帮助顾问实现与客户进行持续、数字化协作的方式，让过程更简化。这将改变客户对做规划过程的体验。

戴夫认为，科技进步将使财务规划更具协作性和动态性，并能实时操作。未来的客户将可以在机器人、直接投资顾问和全面财富管理团队三者中自由选择。

客户可以根据自己的意愿选择——对财富管理过程中的每一个部分，选择是否与投资顾问进行深层次的合作。他们可能会对某些部分进行自行投资，让投资顾问负责其他部分，他们也可以把整个投资决策委托给投资组合经理。协作就在这里体现，新时代将赋予客户更多选择的权利。

多年来，戴夫在实现资产增长以及吸引适合的顾问方面都做得很好。我曾问他，要想在我们的业务中成为领导者，我们需要具备什么样的才能。他毫不犹豫地回答：

这是一项需要用心用脑的业务。任何人都可以重复一个销售过程或流水线，这一切关系到的只是你的影响力。你只需要知道怎样去做。除非你从心底里喜欢不可能完成的、混乱的任务，否则你就选错工作了。我如果只是试图告诉人们该怎么做，就肯定会看到不计其数的人举手示意，让我知道他们不会按照我说的那样做。

当思考自己的业务时，戴夫会聚焦于那些关键的部分：愿景、战略、沟通、可衡量的指标、合理的报酬、奖励以及认可。哪怕只有一个部分没有做好，你都会满盘皆输。我请戴夫描述一下他在领导力方面面临的最大挑战。他把注意力投向了愿景，这是一个组织中所有领导者的共同承诺。戴夫说，通过“与顾问共同探索”的过程，可以获得更多顾问的信任。也就是说，要真正地了解顾问，包括他们的投资理念、价值主张等，这就需要完全透明。“我希望得到的是软技能。这是一个倾听而不是说话的游戏，这是一个提问而不是泛泛而谈的游戏，其中的关键是提出有水平的问题。”

正如你看到的，戴夫和我在几乎所有事情上都有相似的价值观。戴夫和我有相同的观点：拥有一个特殊的头衔并不能使你成为领导者。“你的职级没有用。”戴夫强调。在每个月听取他直接下属 90 分钟的汇报后，他都会用这样一个问题结束每一次会议：“你需要我提供什么支持？”

戴夫认为精英顾问应该具有以下品质或技能：

第一，他们已经赢得了“可以信任的顾问”这一地位；第二，他们要有明确的愿景，知道自己在业务中想要达到什么目标；第三，他们的团队分工明确，有清晰的计划；第四，他们可以清楚地描述自己的投资理念；第五，他们建立了一个团队以扩展模拟投资组合，甚至是在团队中加入规划人员。在我们的商业模式中，除非我们帮助我们的顾问，使他们比竞争对手成长得更快，否则我们无法成功，而你只能寄希望于确立极佳的“客户—雇员”关系。我们作为领导者，要提前看到未来三到五年的发展前景，并据此进行规划。我们需要问问自己，加拿大的高净值人士看重什么，愿意为什么付出金钱。

我认同，并相信这将是一个完整的模式。

我自己喜欢问别人这样的问题：你会为什么事物担心？我们能帮助顾问看到我们已经看到的机会，并帮助他们做好应对的准备吗？如果这还不能启发作为领导者的你，你可能有必要再读一遍前面的内容。戴夫渴望大获全胜。他因为影响力，而非自己的头衔成为领导者。“如果你只是下命令，顾问永远不会听。”他认为文化才是真正的规则，而这就是他的一个主要竞争优势。这种文化是由你所做的而不是由你所说的来决定的。那么，一个人怎样才能成功？“主动，有颠覆性思维和多样性思维。”戴夫这样回答，“我向顾问提出的问题是人类最难被自动化的能力是什么。他们的回答是情感的联系和共鸣。这不是资产配置、挑选股票或执行规划。”

下面是我们的交流临近结束时，戴夫对我说的充满智慧的话：

当我面对一个考虑从现在的公司跳槽的投资顾问时，我会让他问自己：“在未来的5年，什么样的模式会胜出？那时我应该出现在哪里？那里有正确的领导者、正确的文化和正确的团队吗？”

和戴夫的谈话很愉快。显然他关注并执行了所有正确的战略，因为他明白，软技能才是驱动人们前进的动力。

一个充满无限可能和机遇的世界

今天出生在美国的婴儿是历史上最幸运的人。美国经济奇迹依然存在，并且正在以很好的状态存在着。

——沃伦·巴菲特

我在本书的引言部分讨论了现在正在发生的变化比历史上任何时

候都快。因此，不用多说，引领改变就是经理或顾问未来工作的重中之重。约翰·P. 科特，即《领导变革的制胜法则》一书的作者，因为引领组织变革而闻名。他在自己的研究中表示：

不成功的转型几乎不会在以下几个语境中出现：产生强烈的紧迫感、建立强有力的指导联盟、建立愿景、经常清晰地传达愿景、消除障碍、规划和创造短期成功、避免过早地宣告胜利、将变革嵌入企业文化。

有勇气引领变革意味着处理一些未知事项。对于一些人来说，这可能是一个未知的领域，人们会面对新工具、新技术或与众不同的产品和服务。对于许多业内人士来说，各种角色正在改变，正在从完成费时的任务转变到更多地关注关系的建立上，以前那些任务最终会交给机器人来处理。引领变革可能意味着改善文化、改变业务或改善财富管理模式。有时，引领变革仅仅是为了应对危机，产生这个危机的原因可能只是在一个空闲的星期二下午接到了一个令人不悦的电话。实现改变和应对改变都需要你有能力、信心以及强大的愿景。

2008—2009 年，全球金融危机爆发，那时我还是摩根士丹利的美国销售经理，如果我告诉你在那个岗位上我没有经历过多焦虑的话，我就是在对你撒谎。每天早上，我都要不停地盯着各种电视或网络上的头条，而且每天早上都要读几份报纸。每个在金融服务业工作的人都知道，那段时间对于我们的客户和我们自己来说都是非常可怕的。

在所有的混乱和恐惧之中，有一个人通过展示勇气、信心和对未来的乐观态度而从人群中脱颖而出。那个人就是沃伦·巴菲特。在几乎每个人都惊慌失措的时候，巴菲特仍能保持冷静，用长远的眼光来考虑问题。

沃伦·巴菲特对危机的反应，以及他对我们能平安挺过这场风暴的信心带给我和平与希望。在诸多不确定性之下，他的乐观情绪显得更加亮眼。巴菲特明白，一个领导者只有在极为冷静的情况下才能平安挺过这场令人难以置信的危机。他表现出的不仅仅是乐观，还有极大的智慧。

有几十年丰富经验的顾问也教会我一些关于勇气和洞察力的东西。这些明智的顾问就像水手一样，他们了解汹涌的大海。但更重要的是，他们也知道如何在这场罕见的风暴中引领他们的客户。他们有勇气保持冷静，没有恐慌，也没有低价抛售。他们有哪些其他人没有的特质？他们能看到哪些别人看不到的东西？他们有着基于历史的视角，他们有着丰富的生活阅历，他们从未放弃希望，他们博学多才，他们像激光一样聚焦在客户上，他们与每个人都有着深入的交流，不论对方是客户还是自己的团队成员，甚至是合伙人和管理者。他们拥有积极进取的勇气，而不是胆怯。

检验你的假设

作为一个后天养成的，而不是天生的乐观主义者，我发现定期审视我的信念、价值观和设想是有帮助的，而且是非常有必要的。我的心态怎么样？我的信念、价值观和设想是什么？我坚持的信念是否在阻止我前进？一直假想一个团队运作良好或者表现良好，对你没有好处。如果你持有这样的信念——“如果它没有被打破，就不要弄乱它”，那么这可能意味着你的前进势头已经停滞。或者，如果你认为最好不要被卷入困境，事情会自己往好的方向发展，那此时你很可能已经陷入了困境。这些信念都不是增长心态的内容。不幸的是，我们终归会遇到这些情绪。

信心越足，勇往直前的勇气就越大

我发现，很多时候，大多数成功都始于信心而终于缺乏信心。竞技体育就是最好的例子。

对信心，我们需要找到一个平衡，因为过度自信会让你变得傲慢。当我看到一个团队或者一个顾问谦逊地面对客户的时候，我就能看到他们的信心。但是，当他们在自己的舒适区外面对客户的时候，他们尽管表现得很有信心，但实际上并不是。有信心地生活，你就能让自己随时接受新可能和新机遇。有多少次我们看到教练痛斥自己的学生，或者领导者通过毁灭性打击的方式教育自己的下属？毫无疑问，这种事情发生的次数并不少。显然，你知道接下来会发生的事：恐惧出现了，缺乏信心让他们缩在自己的安全区里。然而安全区无法陪你度过一生。

作为领导者，你能给他人的最好的礼物之一就是信心——让他们挖掘自己的潜力，或者让他们有信心尝试新鲜事物。这是打破恐惧的唯一方法。诗人卡明思曾说："对自己抱有信心，我们就能体会好奇、怀疑、发自内心的快乐，以及其他所有展现人类精神的经历。"你需要让别人逐步获得信心，不管他们能否意识到。

我的工作就基于我的信心。如果犯了错，我不会简单地原谅自己，但在一些事情上，我会保持乐观和自信：

- 结束消极的自我对话。如果那个负面声音越来越大，请杀死那条恶龙，之后继续自己的生活。
- 了解自己，知道自己的原则是什么。
- 提高自己的能力。
- 设立小目标，达成小目标。
- 不要太情绪化。
- 常怀感恩之心。
- 注重实践。
- 通过掌握技能来武装自己。
- 寻找那些能帮助你树立信心的人。我们都需要自己的啦啦队。
- 不要停止向前。当一扇门关上之后，敲敲下一扇门；如果门还是锁着的，就继续尝试下一扇。冠军从来不会失去自己的乐观。
- 不要让批评的声音在你的脑海中停留太长时间。虽然它们是宝贵的财富，但你也要用美好的思想填充自己的大脑。

那些在领导者心中蔓延且具有杀伤力的思想，除了耗费我们的精力，没有其他的用处。这些思想包括：

- 认为不作为是最好的解决方案。
- 既能在工作中表现出众，又能维持工作与生活的良好平衡是不可能的。
- 指导顾问这条路行不通。
- 我没有我需要的资源。

- 我无法回到起点。
- 我的老板并不重视我，也没有看到我的贡献。
- 我没有时间陪伴家人，或者开展业务。
- 我所在的高净值客户市场非常糟糕。

你需要停止这种消极的自我对话，因为你的想法会影响你的行为。当你意识到这种消极性时，需要承认它的存在，并意识到其长期的破坏性，之后再积极地向前迈进。

如果你对自己的技能和能力有谦逊之心，你就会充满好奇，寻找各种方法夯实自己的知识基础，提高技能。你会被吸引，你会积极地寻求成长。

如果你没有积极地寻求成长（不论是个人方面还是职业方面），而是得过且过，倚仗自己过去的成就，依赖之前的生活，那么现在你就应该清醒一下，开始改变了。这种停滞在从业 25 年后很容易发生，但它也同样容易在从业短短几年后发生。你最后一次做让自己害怕的事情是在什么时候？你应该勇敢地偶尔测试一下自己。当其他人在岸边安全地玩耍时，你要勇于领导变革。没有失败就没有成长。

第十二章
懂得感激，以心态和思想取胜

常常有人重新点燃了我们内心已经熄灭的那团火，对那些人，我们每个人都有理由对他们心怀感激。

——阿尔贝特·施韦泽

拥有增长心态的领导者不会独自前行，他们感激一路上帮助过他们的所有人。如果领导者能意识到他们的成功来自他人的帮助和支持，那么他们注定会成功，他们也是我非常愿意共事的一类领导者。对于我来说，感恩还是在一项新的才能中识别潜在领导力的关键因素。

思考一下：

- 为在职业生涯中帮助过你的人列一个清单。
- 为在人生中曾帮助你取得成功或使你变得不同的人列一个清单。
- 想想哪些客户曾经给予你额外的帮助。
- 假如你的清单上人很少，那么请一遍又一遍地回顾。

如果没有很多人的帮助，我就不可能成就自己的事业，我相信这对于所有成功人士来说都一样。懂得感恩会使你谦虚并脚踏实地，还能帮助你用强大而有意义的方式和你的下属及上级建立联系。感恩之心时刻提醒你不是宇宙的主人，承认他人对你的成功的贡献并懂得回报是十分重要的。

询问自己：

- 你是给予者还是索取者？每个人都可以做出改变，成为一个给予者，给予那些需要你的人更多的认可和价值。无论是在办公室内还是在办公室外，你都应给予你关心的人更多高品质的陪伴。

思考以下事情：

- 给曾经改变你生活的人写一张感谢卡。（注意，是写一张卡片，不是写电子邮件。）
- 考虑把以上活动当作日常行为：每个月都心怀感激和谦虚地做一件事。

假如你按照这种方式运营，你团队中的大部分人就会用同样的方式运营，你将收获意想不到的团队文化的种子。

自恋不是你的朋友

我欣赏穆罕默德·阿里的呐喊："我是最伟大的！"我也毫不怀疑他的运动能力和表现能力。但"我是最伟大的"不是一个杰出的领导者应奉行的口号。在任何领导角色中，保持专注并实现更宏大的目标，一个重要的组成部分就是能够看到过去的标签，放弃那些被认为很重要的东西，或者比你的同行更受尊重和认可。

这些都是自我表现，或者个人的骄傲，但不是强大的领导力。一名杰出的领导者从来不会说“我是一名出色的领导者”。他（她）的行动会说话。嘉奖与认可来了又走，今天我们得到了，明天我们又会失去，所以只要做最好的自己就够了。

谦虚比骄傲更能帮助你，保持真实和培养感恩的品质是扎根于现实和保持谦虚的最好方法。

影　响

成功领导力的关键是影响，不是权力。

——肯尼斯·H. 布兰查德

运用影响力而不是权力，以及激励行动的能力被定义为具有增长心态的领导者品质。如果你无法赢得人心，或者至少你不享受挑战，那么你可能需要换一个行业。如果你是一名顾问、经理或者批发商，那么，这就是你的工作。

想要在组织中或事业上拥有更多的权力在逻辑上是说得通的，但伟大的领导者会扩展自身影响力。权力是指分配资源、做出决定，而影响力是人们通过运用权力来改变行为和态度的机制。影响力并不像权力那样，需要通过施加明显的外力、强迫他人以及直接命令才能发生改变。

具备产生影响的能力是成为伟大领导者的关键。

——《权力、影响与说服》

从某种意义上讲，影响力就像戴着天鹅绒手套的权力。这就是为什么有些人没有行政头衔和正式授权，却比那些拥有官方职位的人更能够影响他人、他人的决策，甚至一个组织。

说服力

说服力和影响力很接近，都致力于改变或强化他人的态度、世界观、意见或行为。

管理与领导力之间有着深刻的区别，但二者都很重要。管理意味着实现、完成、负责以及执行。领导力指的是影响、方向、路线、行动和意见。领导力的一个重要因素就是施加影响的能力。

——沃伦·本尼斯、伯特·纳努斯，《领导者》

一开始，大多数行业都是依靠权力、影响力和说服力运行的。亚里士多德早在 2 300 年前就知道这一点，并大胆地提出仅有逻辑和道理对影响力和说服力是不够的。逻辑、情感和性格必须结合在一起，这是影响力和领导力的魔力：它不仅作用于观众的思想，还影响他们的内心。

尽管人类拥有几千年的关于影响力的知识和洞察力，那些年轻和年长的管理者还是会利用权力来做事，认为“我是老板，我懂得更多——我有权力让他们按照我说的做”。

永远不要期待任何人服务于你的价值观，除非你给他足够多的理由。

——爱德华·德怀尔

权力做不到，但影响力可以做到。

权力和影响力都是一种能力，让人意识到一种行为（或表现）是体现他们价值的最好行动。

——爱德华·德怀尔

我希望你把点连起来，心怀感恩比傲慢更能在事业的各方面帮到你，更不用提生活了。当你建立联系、带领团队、打造文化、进行合作时，你就能在人生中轻装上阵了。

本章小结

要想在财富管理行业中获得成功，你需要每天为客户增加价值，赢得他们的信任。你的计划就是由该行业的学生成长为领导者，并培养增长心态。你准备好了吗?

- 成长始于自我认知。致力于提高情商、具有增长心态的领导者会培养这种自我认知。他们了解自己，知道自己的优势和弱点。他们从愿景和目标开始行动。

- 增长心态需要积极的能量。伟大的领导者会积极地培养这种能量。

你作为领导者的首要任务是掌控你自己的能量，然后协调你周围人的能量。

——彼得·德鲁克

- 增长心态建立在信誉的基础上。伟大的领导者有信誉，并努力保持这种信誉。
- 具有增长心态的领导者心怀感恩并保持谦卑。感恩和谦卑使他们保持好奇，不断学习，因此他们具备了更强的适应性。

我是一个乐观主义者。不这样做似乎没有任何好处。

——温斯顿·丘吉尔

- 成长激励人心，鼓舞领袖，而具有增长心态的领导者也会以身作则。
- 增长心态的特点是乐观和保持可能性。伟大的领导者生活在一个充满可能性的世界里，他们周围的人也会被带到这个充满可能性的世界里。
- 成长离不开沟通。具有增长心态的领导者都是伟大的交流家。这意味着他们既是伟大的听众，又是引人注目的讲故事的人。
- 具有增长心态的领导者善于运用影响力，而不是权力。
- 没有合作，增长是不可能的。具有增长心态的领导者能有效地开展合作。
- 一个具有增长心态的领导者会不断地创造并致力于实现共同愿景。
- 具有增长心态的领导者有极大的勇气。在困难的情况下，他们仍会表现出自己的勇气，也擅长在艰难的情况下做决定。

你看到的每一个成功的企业背后，都曾有人做出勇敢的决定。

——彼得·德鲁克

- 增长心态只有在强大的组织环境中才能茁壮成长。具有增长心态的领导者致力于打造这样的文化。
- 一个具有增长心态的领导者应该意识到招聘、培养并充分利用他人的才能的重要性。
- 增长心态赋予他人权力，放权是组建优秀团队的第一步。
- 具有增长心态的领导者有强烈的个人责任感，他们能对自己的过去、现在和未来负责。他们能完全意识到自己在创造什么，推动什么，允许什么事情发生。
- 具有增长心态的领导者会为他人的成长投资，能专注于做高效的导师。
- 具有增长心态的领导者关注世界，努力用各种各样的视角来观察世界。

20 年后，你会因你未曾做过的事而感到失望。所以，请扬起风帆，驶离安全港。借助带你远航的东风，去探索，去畅想，去发现。

——马克·吐温

第二部分
增益你的财富管理业务

在过去的 30 年中，财富管理行业经历了惊人的增长过程和深刻的变革。正如我在第一部分中所讨论的，这种变革的催化剂包括客户需求的增长、客户复杂度的提高、更多的投资选择、科技的进步、自动化的投资建议以及监管的加强。伴随着这些变化，咨询业务仍将继续增长并蓬勃发展，将随着机器和人类一起工作而继续发展。智能化劳动不断加速发展，并在管理客户资金、客户关系和时间方面扮演重要的角色。我相信，未来 10 年全球财富管理行业将表现得像全球地质系统。财富管理的结构将遭受大规模的颠覆，并将重塑我们今天对咨询的认知。那些觉得自己像仓鼠一样在转轮上奔跑、没有取得任何进步、只是在原地踏步的顾问会感受到更大的压力，因为他们将失去更多的阵地。因此，不要等到你失去了重要客户才觉醒。现在就要开始行动。成功的秘诀在于实时学习和发展。

本书的第二部分讨论了增加管理资产、创造业务收入以及建立客户忠诚度的内容。业务的发展始于有效地从两方面——管理业务和增长业务——运作你的业务。如果你是一名独立顾问，你就必须让资产增长成为你日常计划的一部分。你的落脚点是提供绝佳的服务和有价值的建议，但是你的客户名单不会因为你的出现和你对客户的维护而增加。要实现 10%~20% 或更多的增长（不包括市场升值或贬值），你就需要在商业拓展这类活动上花费 40% 的时间。如果你是团队中的一员，那么这 40% 就可以根据角色和职责分配给不同的团队成员。提高实践能力不是被动行为，而是一种分配时间、投入资源和不断创新的行为。然而，事实上，大多数顾问都会花很少的时间去寻找新客户。为什么？因为自满开始滋生了。对于那些认真对待业务增长的人，我在第二部分提供了一张路线图。

我提出了 11 种发展业务的方法：

- 如果有闲置的资产，你就应该好好利用。顾问存在老龄化问题，这是一个不容忽视的因素。想要找到合适的机会，你需要很多时间、耐心和研究，更不用说金钱了。
- 招聘高素质的顾问。在你的团队中招募很多初级顾问将会产生很大的负面影响。
- 让客户帮你推荐客户。这是最有效的增长方式。超过 50% 的新业务来自客户的介绍。
- 建立你的战略联盟。
- 关注影响中心和人际网络。
- 针对目标市场制订营销计划。
- 举办客户活动。
- 建立客户顾问委员会。
- 在研讨会上发言、演讲。
- 加入一个团队或扩充你的团队。
- 充分利用社交媒体。

这 11 种策略中的每一种都需要 4 个要素：增长心态、投资业务的意愿、能干的团队、遵守纪律（这一点是最重要的）。例如，有一天你醒来后说你想要专注于研讨会，但在两次研讨会之后，你就得出结论，这是行不通的。如果你有一个正确的策略，坚持 12 个月，它就能奏效。所有的商业拓展活动都是如此，你不能浅尝辄止，走走停停。这就像节食对减肥不起作用，改变生活方式才能让你瘦下来一样。行业中最好的顾问不仅接受了那些改变财富管理行业的变化，还能将业务的变化快速转变为他们的优势。因此，他们总是专注于业务发展，采用新技术来实现自动化流程，在可能的情况下将业务尽量外包，从而挖掘更多的潜力，并在客户和潜在客户身上花更多时间（见图 2）。未来，你需要利用技术来减少繁忙的工作。如果你喜欢花时间做算法可以做到的事情，那么你就会慢慢变得不那么重要了。

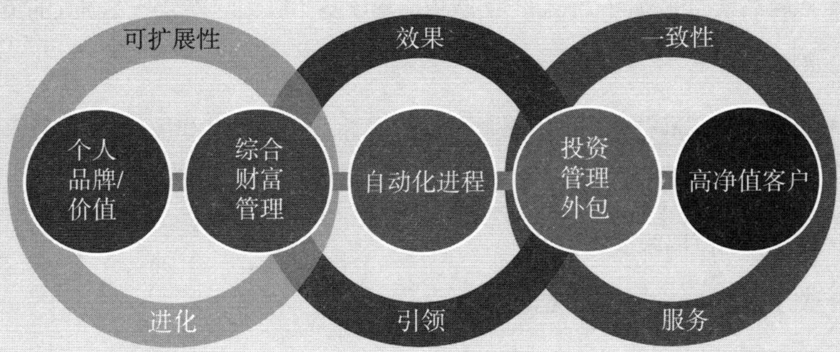

图 2　业务增长模型

从你的目标出发，你希望实现什么？这将使你产生愿景。除非你有一颗强大的好奇心，否则业务不会发展。商业计划是可行的，因此，制订计划是一个很好的开端。另外，也给自己做一个生活计划，一个必须聚焦并不断调整的生活计划。生活计划应该给你提供一种动态的、协作的力量，这就是你的蓝图。它的长度不应该超过 4 页纸。接下来的章节会帮助你制订一个量身定做的计划。我们从一年目标和三年目标开始。客户留存、服务卓越、团队结构、业务发展和拓展客户关系是一些你可以借鉴的例子。你是你那 50 位客户的首席顾问吗？如果不是，为什么你无法成为首席顾问？你可以采取什么步骤成为他们的首席顾问？你能为客户提供哪些额外的建议、服务和解决方案？记住，财富管理的核心是在一个良好的发展和综合计划的基础上建立联系，以实现客户的长期财富目标。

第十三章
阐明商业模式

如果足够幸运，找到了自己喜欢的生活方式，你就得有勇气和它共度余生。

——约翰·欧文

财富管理现在已经成为主流趋势。我参加的领导者会议上、报刊标题上、全世界顾问的言语里、我去过的每一个地方，都会出现这个词语。仅在美国就有30多万名金融顾问。我在过去的10年中曾问过很多专家和客户，在他们眼里财富管理究竟意味着什么。毫无疑问，每个人的回答都不一样，而且每个人的答案都和自己受过的教育、所在的公司，以及采用的商业模式有关。

客户的财富水平不同，可以得到的财富管理服务也有很大不同。因此，在你开始考虑用不同的方式开展业务的时候，你必须想好你想要构建或拓展的商业模式，这至关重要。你的公司支持这种模式吗？比如，如果财务规划是你后续想法的核心价值之一，那么你应该知道让自己的公司成为一个合适的平台这一点非常重要。100万美元的客户服务需求与2 000万美元的需求是不同的。随着他们资产的增长，更复杂的需求会相继出现，因此，你需要组建水平更高、更能胜任这种要求的团队。所以，你的目标市场的核心需求是什么？记住，如果你在客户关系中不是首席顾问，那么你的地位就岌岌可危。你如果没有掌握客户的全部资产，就应该利用所有可用的工具，了解那些你没有掌控的资产。你应该看到全局，而不仅仅看到其中一个方面。根据客户几十年来与我们的交流，我能看出来他们珍惜优质的服务，会根据是否达到他们的目标进行绩效评估，喜欢公开透明的收费，珍惜他们支付的每一分钱，喜欢一体化服务。所以你的商业模式必须建立在客户的需求上（见图13–1）。

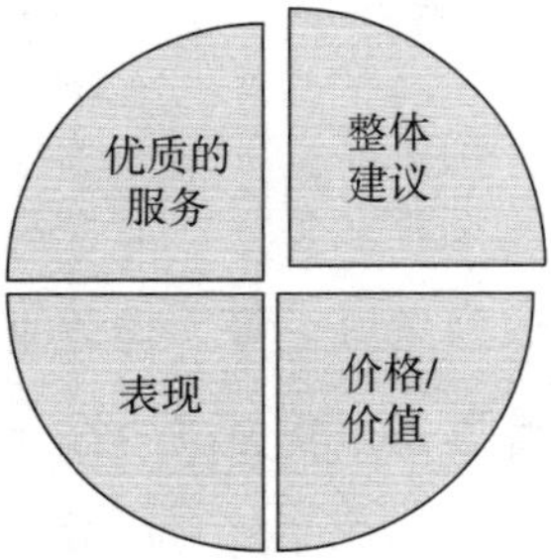

图13-1　构建商业模式的要素

根据贝恩公司的报告《赢在财富管理行业》，全球的财富管理是一个正在成长的巨大市场。大体上看，可投资的资产在北美、欧洲、亚太地区的分布比较平均，每个区域面临的挑战却不尽相同。排名前五的国家占据着全球101万亿美元市场的一半，而其中美国自己就占据着30万亿美元的市场。但是，在这些市场中，资产的增速却比较低，增长率只有个位数。相反，亚洲和巴西市场的资产基数较低，但增速很快。

不管你的客户有多少资产，你都必须清晰地规划出帮助他们实现自己目标的路径。你应该能够清晰地描述这些步骤、理念以及内在架构，让路径得以执行。如果你确实从事财富管理服务，你的模式应该包括下文中的内容，以及合格的专家团队，因为让一个人做到所有事情是很难的。从大局出发提供顾问服务意味着你需要从客户整体生命周期的角度来进行规划。这个规划应该包括：

- 投资管理
- 退休规划
- 收入保障
- 遗产规划
- 家庭保健规划

以下是我总结的10个最重要的、需要帮助高净值客户实现的目标：

1. 制订全面的未来生活规划。帮助客户确定是否需要500万美元来享受舒适的退休生活并不是一个未来规划。实际上，大多数投资者没有真正的未来生活规划。对于制订全面的未来生活规划，一些公司会收取15 000美元的费用，而其他公司则将其作为服务的一部分。这个规划的目标是帮助你的客户定义他们的愿景和总体目标，并以此制订一个可以实施的战略和战术规划。当然，如同我们的生活一样，这个规划必须是动态的。

2. 如果客户仍在工作，你可以鼓励他（她）直接把钱存入自己的退休账户。利用公司的退休计划，你可以为他的整体资产做出显著贡献。然而，很多客户将这些资产投资在固定收益或货币市场证券中，这让我十分惊讶。

3. 财富管理不仅涉及资产的增长，还涉及资产的保全和传承。不管客户有 200 万美元还是 2 000 万美元，你都应该与客户一同讨论可行的预算方案。我曾亲眼见过退休后花掉 1 000 万美元、因为糟糕的消费习惯而耗尽了金钱的人。有些人在财务自由时没有纪律可言，这就是为什么预算如此重要。你要确定对于客户来说钱意味着什么；与金钱有关的行为，是衡量一个规划是否合适的关键指标。

4. 没有债务是一件好事。财务规划中应包含可以让客户减少缴税的方法，你还应该每年对其进行审查。

5. 帮助客户为他们的房产制订一个合适的规划。有三栋房子是适合客户的长期计划吗？他们现在的房子是不是太多了？在过去的 40 年里，平均每个家庭的住房面积增加了 1 000 多平方英尺①（从 1973 年的平均 1 660 平方英尺增加到 2013 年的平均 2 670 平方英尺）。你需要通过询问来帮助客户确定多大面积才最适合她的需求和预算。

6. 准备面对长期和枯燥乏味的游戏。其中，管理预期是关键。总体来说，股票投资组合在长期投资中可以取得良好的预期表现。同时，客户渴望价值，因此顾问需要注意费用的设定，让客户的钱发挥最高的价值。

7. 能否帮助客户成功退休是区分优秀的顾问与平庸的顾问的关键。我这里说的不只是让客户的资产达到一个具体的数值。我的意思是，你要帮助客户认识到退休后的生活，并为疾病、失业等让规划偏离原有轨道的事情做好准备。许多人都通过做兼职，让自己的退休生活过得好一点。

---

① 1 平方英尺≈ 0.093 平方米。——编者注

8. 站在整个家庭的角度考虑。一般来说，家庭中只有一个人负责守护“篮子里的鸡蛋”。但是,这是一个错误,因为如果这个人去世了，那么其余的家庭成员可能会生活在黑暗中，而让他们重新学习，达到原来的节奏和速度可能需要数年时间。我曾多次看到这种情况发生，因此你要确保客户的子女也是规划讨论内容的一分子。

9. 确保客户的全部团队成员（包括会计师、律师、财务规划师等）步调一致，工作协调。如果你能帮助客户简化他们的生活，你就已经为客户创造了有形的价值。

10. 帮助你的客户与其他朋友或客户创造商业机会，或者单纯地因为他们有相似的兴趣而相互介绍。

正如你见到的，投资管理只是我的模式的一部分。想想你自己的模式，写下你的操作流程、你的经验等。在你的工作清单中，前 10 项是什么?

你的愿景应该能激励你马上行动

成功的顾问知道自己是谁、想达到的目标以及达到目标的方式，他们也知道自己的目标市场。这类顾问成功的关键很简单：他们没打算为所有人做到所有事情。相反，他们只对一部分人做所有事情。他们不想把自己推销给广大群众。人们在一个非常拥挤的舞台上表演，每个人——甚至还有机器人——都是你的竞争者。你需要准确地调用你的专业知识，这样既能减少竞争对手的数量，又能帮助你有效地专注于你所定义的市场。你要非常清楚自己打算如何塑造一个可持续增长的商业模式（见图 13-2）。

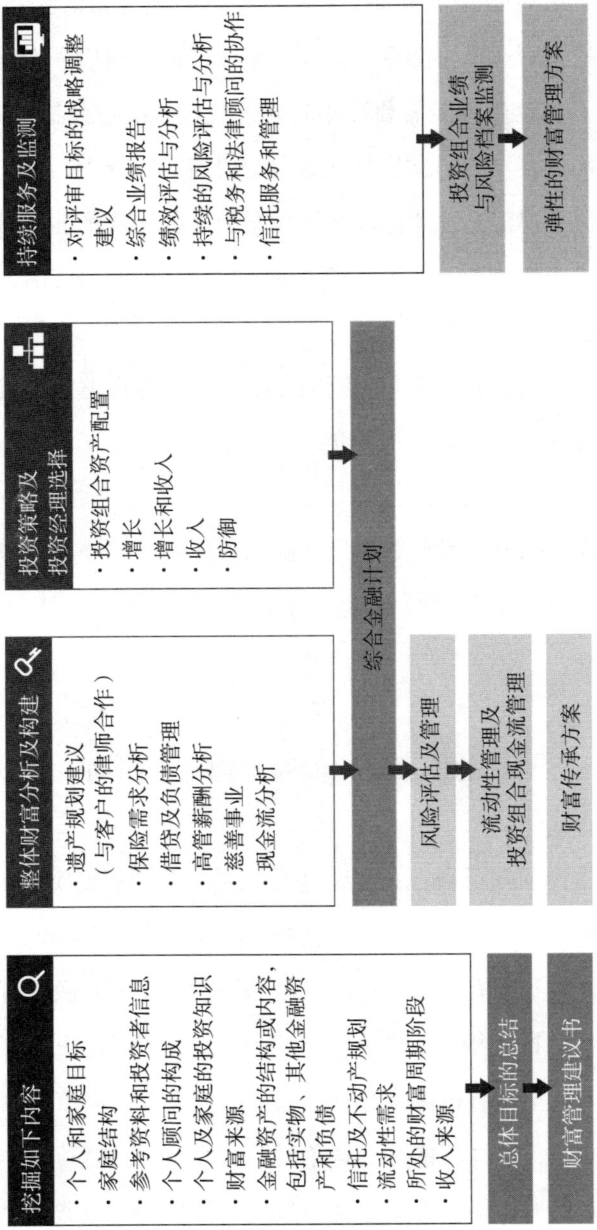

图 13-2 综合财富管理

了解你的模式

让业务增长的第一步是阐明你的商业模式。你需要明确核心能力、投资理念、服务模式和营销策略。当涉及你想达到的目的和愿景的时候，你可以从回答“为什么”开始。接下来，回答“是什么”，也就是你希望达到的目标或最终目的是什么。一旦心中有了一个清晰的流程，你就已经正确地标记了“真实的你”，而此时你已经让自己处在一个更有利的位置上了，因为你发现了自己的价值，阐明了它，并因此给出了相应的价格。

客户倾向于对潜在的财富管理顾问提出同样的关键问题。你的答案将成为你和成千上万其他顾问不同的关键。对你有兴趣的潜在客户想知道：

- 你的业务是什么？
- 什么让你与众不同？
- 对于我整体的财务状况，你会采取什么措施或者策略？
- 你怎么让我实现目标？

一旦你的商业愿景就位，自我反省就不能结束。这是一个不断评价、评估和再评价、再评估的过程。定期（例如，每年或每 5 年，时间由你决定）问问自己如下问题：

- 我到底从事的是什么行业？（我仍然喜欢每天起床的感觉吗？）
- 我到底喜欢从事什么行业？（我是否应该做些改变？）

- 我是否为我的实践打下了正确的基础?
- 我的实践或生活缺少了哪些能帮助我取得更大成功的东西?
- 我在创造、增加那些影响我的事业或生活的东西吗?
- 我是否应该在业务方面重新投入，以跟上新技术的进展?

这些问题的答案能使你意识到，对于你来说什么才是真正重要的东西，同时能让你意识到自己希望在职业和个人生活中实现什么。

生活艺术方面的大师（根据禅宗的文字记载）几乎不会对如下事物进行区分：

- 工作和游戏
- 劳动和闲暇
- 精神和躯体
- 教育与娱乐

展现价值

在当前费用不断压缩的大环境中，我经常被问到的问题之一是“什么才是顾问证明自身价值的最好方式？”简单的答案就是提供有价值的一体化建议以及卓越的客户体验。你可以从为客户提供预期之外的服务开始，做一些客户或潜在的客户没预料到，并能给他们留下深刻印象的事情。在这个过程中，过滤信息和根据语境研究信息是最重要的。我们生活在一个信息爆炸的世界中，顾问的工作就是提供一个阅读信息的视角。

我们生活在充满有形价值和无形价值的世界里。其中一些有价值的东西你可以直接看到，更多的东西，你看不到，但可以感受到其价值。顾问必须记住自己应该定期向每个客户展示、交流并量化那些无形的价值。记住，客户和潜在客户可能会忘记你在会议中或回顾时所说的话，但他们会永远记住你给他们的感受。这又涉及软技能。

财富管理行业规模庞大，竞争激烈。但在来自 400 多名顾问的反馈建议中，我们能看到，在顶级顾问这个细分市场之中，竞争非常小（见图 13–3）。结果就是，这些顾问管理的财富快速增长。

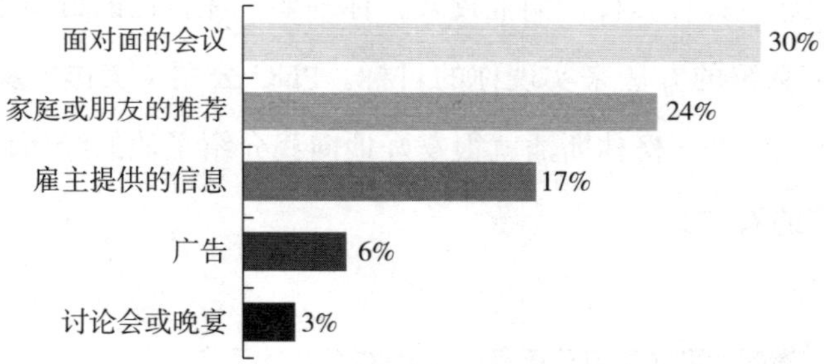

图 13–3　选择顾问的重要因素

优秀的财富管理顾问会分析客户的整体财务状况，并根据客户的特定需求，把目光聚焦于资产的积累、保值和继承上。因此，健全的财富管理模式应该包括一个能够胜任财务规划、投资组合管理、房地产规划、银行业务和贷款等所有关键项目的团队。虽然许多个人顾问都很成功，但仅凭个人力量，很难给客户提供一整套财富管理解决方案，既能让自己的业务增长率提高到两位数，又能维持高质量的生活。

一般来说，银行和信托公司可以借助一个专业的团队建立一个良好的业务流程。而在经纪人模式下，客户只可能与一个顾问合作。但是，越来越多的经纪公司已经开始建立自己的团队了。今天，经纪公司模式的强项，也是面临的挑战，就是他们拥有的56 000个独立的经纪人。这些人有各种各样的经验、做事方法、团队结构。经纪人模式需要更快地发展，以赶上行业的发展速度。技术的进步为区域经理和顾问提供很大的支持，帮助他们更好地为客户提供服务。独立投资顾问和注册投资顾问数量的增长是最快的。他们可以对自己经营业务的方式有更多的控制权，也有机会创建自己的品牌，未来将占据更多市场份额。

无论你选择什么样的商业模式，你都要关注自己的价值主张，并采取一个系统的方法来实现你的目标。PNC公司（美国一家资产管理公司）的卡里·格林斯潘就很友好地向我介绍了他的经历以及他对行业未来的看法。

瑞克：请跟我聊聊你自己还有你在PNC公司的工作吧。

卡里：我做投资组合管理马上就要35年了。MBA（工商管理硕士）毕业之后，我迈上了一条不太寻常的职业道路，成为一名位于华盛顿特区的一家公司的股票经纪人。我取得了注册投资顾问资格，并体验了各类职位。今天，我为PNC资产管理集团的许多执行委员会服务，我是投资政策委员会、投资顾问研究委员会和衍生品政策委员会的成员。我的主要职责是改进PNC公司的整体投资思路，其中包括与总体经济和金融状况相关的贡献和想法，各类资产可能如何表现，以及投资方案可能如何给客户的投资组合带来好处或损失。我也对投资部人员管理投资组合的受托行为担负最终责任。

瑞克：长期以来，你一直与高净值人士合作。你如何看待这项业务未来的发展？

卡里：正如许多行业一样，科技和信息接入对投资的客户整体都非常友好。较低的成本、便捷的信息获取以及投资者能够相对容易地找到投资解决方案或回答投资问题，使得整个行业都面临着费用压缩的挑战。总体来说，我认为这种趋势还在继续。产品、服务，以及可以满足大多数投资者目标的通用解决方案都在不断改进，这将促使价格保持在较低的水平。即使是高净值投资者也比以往任何时候都有更多的选择。那些花费精力，充分满足客户个人需求，而且不仅仅满足客户浅层、显著的财务需求的公司，不仅能够留住现有客户，还能赢得更多对服务供应商没有特别偏好的客户。无法提供吸引人的、在个性或专业方面有差异的方案的公司，则会因为没有明显的优势而迫使自己不断降价。认为客户服务是主要关注点的公司，通常并不是真的了解如何衡量或如何提供那些能够让客户感受到价值的服务。而那些真正能够感受到与服务供应商产生不一样的化学反应的投资者，则会完全投入并真正信任给他提供个性化和专业帮助的公司以及人员。

瑞克：谈到核心能力，你认为顾问要想在未来成功，需要的基本技能是什么？

卡里：在我参加过并使我最终成为老师的一个培训项目中，主讲人一开始就会向所有参与者提出两个问题。第一个问题是："你在大学里学什么专业？"第二个问题是："以你现在对这个行业的了解，你认为在大学里学什么专业对你最有帮助？"对于第一个问题，60%~70% 的答案都是一个技术型的专业，如商业、金融、会计、经济、法律、数学等。第二个问题的答案（其百分比与第一个问题相同）则是心理学、社会学、心理治疗等。通过这个故事，我再次强调技术方面的技能、人际关系和个人技能的区分。在财富管理或资产管理中，业务人员必须具备做出合理判断和提供实用建议所需的专业技术知识，这是毫无疑问的。我们的业务中有数以千计的、绝顶聪明的法学博士、注册金融分析师（CFA）、注册会计师（CPA）、注册理财规划师（CFP），以及其他同样令人印象深刻的，可以提供优质服务的专业证书的持有者。但是，这并不总能让客户觉得你们创造了价值。每一位客户都希望自己能获得令人信服且合理的建议。也许你已经提供了这样的建议，但客户也许可以在隔壁得到同样的建议和服务，而且费用更低。什么时候我们才能让客户感觉获得了价值，从而体现出公司或个人的价值呢？未来需要的技能是人际关系的技能和与客户建立关系的技能。致力于具备这些技能的公司和个人会远远领先于其他竞争对手。

瑞克：从客户的角度来看，积极的客户体验应该是什么样的？

卡里：正如我之前说过的，在关系成功建立起来之前，客户很少区分服务提供者（供应商）。目前，如果你不考虑客户，只考虑你自己的人际关系，你会信任一个你刚刚遇到的人吗？你是否需要一些时间来建立你和对方之间的信任？当然，这是特殊情况。但你要考虑的是，客户体验就如同关系的建立，必须经历几个阶段。客户有一些与我们后续行为相关的手续，主要与设定期望和满足期望有关。我们有多少次错误地处理了一段新关系，经历了一段难挨的时间？正常的关系建立需要大量的沟通以及发自肺腑的关心，而不是凭运气。客户知道他们有很多选择，现在的新客户比以往任何时候都更加脆弱。你不仅需要打造一种积极的客户体验，还要打造一种与众不同的、非凡的客户体验，以增加自己的价值。只有这样客户才能记住你，才希望和你保持联络，你才能获得新客户。你的客户会对他们在你这里的经历感到兴奋，因为这在其他地方并不常见。适当和充分的建议、良好的沟通和足够好的业绩是客户的普遍期望。在这三个领域中任意一个领域成为佼佼者，你都能与客户建立很好的联系。在这三个领域耕耘，你将创造一个跨越几代人，囊括数百名朋友和同事的客户关系网。

第十四章
扩大业务

业务推荐

每个人都想到达山顶，但其实所有的幸福和成长都是在攀登的过程中产生的。

——安迪 · 鲁尼

我们用好消息作为开篇：在美国 30 万名顾问中，大多数人做不到积极地拓展新业务；只有很小比例的人有业务发展规划，那些能持续地实现资产显著增长的商界奇才就更少了。但坏消息是，现在客户只要动动手指头，就能获取更多信息，得到更多选择的机会。因此，你如果对业务的发展漫不经心，就会发现自己一直在浪费时间，进而产生强烈的挫败感。你需要致力于业务增长的艺术与科学，但同时，你必须真正用心。业务发展最重要的就是建立一种有效率且有效果的业务推荐体系。但是在你开始筹备一个推荐活动之前，记得先把会场布置好，因为只要客户没有得到满足，令人失望的结果自然会出现。另外，这也能为你敲响警钟。不管你是一个初出茅庐的新人，还是一个已经接受行业洗礼 30 年的人，你的 60% 的新业务都来自客户的推荐，这还只是平均数。有的顾问的这项数据是 95%，有的顾问是 10%，还有的顾问是 0。我坚信业务推荐是商业战略的一个重要组成部分，是你文化的一部分，也是你自己的一部分。基于我的研究，我提供了 5 种主要业务发展方式：推荐、战略联盟、核心客户和关系网、目标营销计划、客户活动（见图 14–1）。

图 14–1　5 种主要业务发展方式

人们普遍有这样的业务发展幻觉：只要我足够聪明，提供了卓越的服务，我的业务量自然就会增长。正如你知道的，我在这些年结识了数以千计的顾问，他们的经历证明了人们的印象是不准确的。这项业务并不会因为你聪明而对你有所奖励，因为华尔街上有的是非常聪明的人。企业或客户在你把专业知识变成行动之前，不在乎你有多么聪明。我雇用过博士，但他们很快就失败了，因为他们试图利用计谋开展业务。业务发展会奖励那些具有执行力的人、做实事的人、精通人际关系的人，也会奖励那些冒着风险尝试新方法发展业务的人。最重要的是，奖励那些坚持不懈的人。

如果你站在老板的立场上，你思考的就是发展你的业务，而不仅仅是管理业务。发展业务意味着持续地在时间和资源上做投入（见图14–2）。

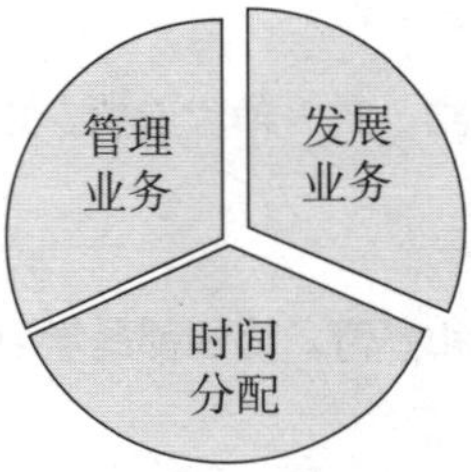

图 14–2 管理者对业务发展的考量因素

许多高回报的行动都可以帮你巩固你的客户基础，并不断扩展你的业务。这些行动包括：

- 举办客户活动
- 安排推介会议
- 发展战略性的人际网络
- 与客户或潜在客户面对面地交谈
- 经常与合作伙伴会面
- 与客户或潜在客户进行面对面的业务回顾

以下 9 个特点造就了业界奇才：

1. 自信。冠军可能会失败，但他会重回赛场。
2. 善于沟通和协作。业内的行家会提出伟大的问题。
3. 生活在充满可能性而不是局限性的世界里。有目标，也有动力。
4. 可以承担全部责任，而不是扮演受害者。能准确设定商业目标，采取行动并持续跟踪推进。

5. 拥有极高的亲和力指数，用谦逊吸引他人。
6. 喜欢竞争，喜欢获胜。总是鸿运当头，善于建立关系网。
7. 知道自己不了解什么。
8. 苛求细节和后续的跟踪。有一种紧迫感，知道如何有效地管理时间，不让自己陷入喧嚣之中。
9. 对周围世界充满热情和好奇。终生都是学习者。

第 1 步：树立自信

如果你认为客户的推荐会让你的口碑受损，或者某些原因会让你感到绝望，那么我建议你最好重新考虑你的立场。如果因为要求客户帮忙推荐而感到害羞或不舒服，那么问问你自己，你是否真的希望自己的业务、愿景和模式有所改善，可以为潜在客户提供更成功的方案。如果答案是肯定的，那么你就不能简单地等着客户上门找你提供这些服务。你如果对自己的能力有信心，就不会因为要求客户进行推荐而感到为难了。当你具备了健康的自信时，被拒绝就显得毫不重要了——你已经具有了精神上的动力，不会受阻于任何事情。另外，顶尖的顾问也不会把拒绝当作针对他个人的行为。

就像我以前在足球比赛前会对自己说话一样，现在我在上台做演讲之前也会用这种方式增强自信。做任何事情都需要自信的陪伴。我们所从事的行业，让我们成为隐藏和隔绝感情的大师，因此，当投资顾问缺乏信心时，我们就更难注意到了。我们无法要求客户向别人推荐自己的原因是我们缺乏信心，不是这项工作有多难做。道理很简单，执行起来并不容易。你需要记住这个座右铭——“有时你会赢，有时你会输。”但如果你不玩这个游戏，我保证你永远都不会赢。

第 2 步：整理好办公室

当你的办公室井井有条时，当你把正确的人放在正确的位置，为客户提供绝佳的体验时，客户推荐就会自然而然地发生。绝佳的客户体验会吸引忠诚并且乐观的客户。进一步，你也可以让这些客户给你进行推荐，甚至他们更可能主动地向你推荐。你怎么知道你的客户是快乐的？最明显的表现是他们把更多的资产交给你打理。人们会用脚投票。

但是，我们也不能在“没有消息就是好消息”中生活，我们不能坐以待毙，不能因为客户没有表达不满，就认为他们对你的服务感到满意。至少每年询问一次你的客户，你怎样才能更好地为他们提供服务。你想知道你在什么方面做对了，什么方面做错了，以及你和你的团队在哪些地方还能做得更好。大多数人使用一页纸进行问卷调查，这可能会有用，但我认为你应该与重要的客户进行面对面的沟通，直接询问他们。你需要开启一场有意义的谈话，并做好笔记。你需要在确保客户重视你的服务之后，再要求他向别人推荐自己。没有什么事情比因为对你提供的服务不满意而拒绝推荐，甚至考虑更换顾问更糟糕的了。

成功孕育更多的成功。意思是，从一开始你就要做好安排。这样做的原因很简单：除非你与客户有足够多的情感联系，能够持续满足或超过客户的预期，否则你无权要求他们做任何事情。最终，只有一小部分客户会不遗余力地把你推荐给他们的朋友和家人。大多数客户不愿意主动推荐，原因如下：

- 客户可能认为你太忙了，无法接待更多人。
- 客户可能认为，向别人推荐会暴露隐私。
- 客户可能不知道如何适当地推荐你和你提供的所有服务。

我在过去30年中的所见所闻表明，80%的客户从未被要求进行推荐。他们还说，如果有人提出要求，77%的人会给你推荐一个客户。让你的生意走上正轨的一个好办法是建立客户咨询委员会，由8~10位客户组成，他们每年至少应该共进两次晚餐。他们的工作就是为你提供反馈，以改进你的服务。

第3步：互惠互利

互惠互利从一开始就存在，但财富管理行业的人似乎不能有效地利用它，为自己和客户创造丰厚的回报。每一笔交易都应该是双赢的。最终，我希望我的客户会说："你是不可替代的。"我希望客户对我们之间的关系非常满意，当我要求他们向外人做推荐时，他们会觉得我不是在"提要求"，而是在"提供方案"。两者之间有很大区别。提要求更像是一个交易，只与你自己和你的业务有关。但当你拥有给客户的朋友提供解决方案这样的心态时，你的感觉会大不相同。你如果非常相信自己能创造价值，自然就会提供服务，因为你相信别人会因为和你产生业务关系而变得更好。

指导你的客户如何正确地推荐你。客户很忙，他们不愿意增加工作量，所以你得让推荐过程变得容易。你一旦知道他们愿意推荐你，就可以为他们提供简短的信息，告诉他们：

- 你是谁。
- 你可以做什么。
- 什么让你与众不同。

一开始，从探索会议开始，你就要播下种子。会议的一部分应该包括你向客户分享你是如何创建业务的，以及业务是如何持续增长的。会议可以用一个感谢推荐的陈述作为结束语。例如，你可以说，“罗伯特和玛丽，今天很高兴见到你们，我相信我们能满足你们的期望。但是，我们的目标是超过你们的预期，因为我们的业务建立在口口相传的基础上。如果我们的服务满足并超过了你们的预期，那么我们欢迎你们把它介绍给其他客户，我们的目标是每天都超过你们的期望，而不是推销产品。”

当然，你应该用自己的语气说出上面的话，因为这种陈述能起到很关键的作用。首先，它能让客户知道你和你的团队有动力为他们提供很好的服务，因为这就是你的业务增长模式；其次，你告诉客户你鼓励并感激对方的推荐；最后，你的业务完全开放透明。记住，如果你不能给客户体验增加价值，那么你做的只不过是乞讨而已。相反，当你有信心提供出色的客户体验时，你会觉得自己是一个冠军。

第 4 步：激励

为什么有人会义无反顾地帮助你？好吧，也许你的客户是在帮助他的朋友。客户相信他的朋友会因为你而生活得更好，或者他试图为自己关心的人做一件好事。了解客户的思想，看看激励他们为你推荐客户的因素是什么，这才是你的分内之事。需求和认同是强有力的激励因素。如果有人为你做了推荐，你最好重视起来。大多数人会打电话向客户道谢，这没什么大不了的，这是应做的最起码的事。你要让为你做推荐的客户感觉自己像一名超级贵宾：

1. 一定要打电话说声“谢谢”。再次提醒客户注重隐私，希望客户不要和任何人讨论他人的事情。
2. 给客户送一个答谢的小礼物（价格低于 30 美元）并手写感谢信。
3. 邀请客户出去吃午餐或晚餐。
4. 在几个星期或几个月后再次感谢客户，告诉对方你有多么感激对方带来的业务，以及你有多么喜欢和对方介绍的客户开展工作。
5. 永远不要和客户讨论保密问题。

怎样请客户推荐

还记得你是怎么学会骑自行车的吗？这需要实践和努力。你应该通过让客户推荐你来学习如何要求别人推荐你。一开始你可能会觉得尴尬，你可能会听到“不”，但是你问的人越多，你学到的就越多，你得到的就越多，听到的声音也就越多。不断改进你请求的方式。如果你像大多数人一样敷衍了事，结果就会敷衍你。你要打造一种适合你自己口碑的风格。记住，这是你发出请求的基础。你要仔细选择你使用的每一个字眼儿，但最重要的是保持简单，做你自己才最关键。另外，要保持透明。

“约翰，你曾告诉过我你非常喜欢和我们的团队合作，以及你对我们的服务感到满意。现在，你仍然是这样想的吗？”一旦约翰回答“是。”你就继续说，“首先，我想感谢你对我们的信任。和你一起工作很愉快，我们都很感激你给我们的业务。我们知道我们每天都必须赢得你的信任。我刚刚问你这个问题，是因为我想继续和更多像你这样的人打交道。你这里有什么人希望听到一些关于自己投资组合的不一样的观点吗？”

把你的业务重点放在客户推荐上，这是最有效率和最能带来成果的工具。

拓展你的粉丝客户群

除了成为客户值得信赖的顾问之外，你也需要为自己培养粉丝客户群。建立粉丝客户群的逻辑是，比起有大量低质量资产和较少资产的客户，资产数量较少但质量更高、委托资产更多的客户对于你来说更合理。对于很多顾问来说，大约一百个客户关系就已经足够多了。

拥护你的客户对你抱有足够的信任，他们会义无反顾地为你推荐业务。他们可以带你进入一个拥有大量可投资资产的人际网络。

显然，发展粉丝客户群意味着建立关系。这些关系必须是真诚的，而这并不容易做到，因为这需要花费时间。这些客户必须发自内心地喜欢你，你也必须真正喜欢他们。你们之间必须有化学反应和信任的力量。你可以找到那些想要帮助你发展事业的人，但这只有在他们真正看重你提供的全部服务后才会发生。在某些时候，你很难将粉丝客户和朋友区分开。

发展粉丝客户群的底线是确保你在竭尽全力地为他们服务，并且在他们眼中你有能力胜任这份工作。你应该调查所有客户，你应该选择优质客户，选择那些你尊重其意见和判断的客户。

接下来的步骤更个性化：你可以在办公室外与客户共度美好时光，并更深层次地了解他们。我是通过吃饭、参加体育赛事等方式来促进了解的。

有些客户会自动变成你的粉丝，不需要你多做什么。但对其他人，你必须问这样的问题："鲍勃，我知道你已经信任我们的团队来帮你达成所有财富管理方面的需求。这种信任对于我来说意义重大。你是一个很有影响力的人，你的朋友也许会采用我们的服务，如果你能帮助我引荐，我会非常感激。"

由于拥护者就是你的客户，所以你必须继续与他们保持深层次的沟通，让他们可以和你坦诚相待。"如果你认为我做的事情与我们的目标不一致，我希望你可以随时告诉我，而不需要我主动询问。在任何时候，你都可以拿起电话告诉我'你的销售助理搞砸了'或者'你的公司正在做我不喜欢的事情'。"5~10 个影响力大的拥护者会对你的生意产生重大且积极的影响。

社区活动与网络化

社区活动可以是另一种形式的人际网络，而且是更有效的一种形式。但是，它也必须比关系网更无私，因为做社区服务和慈善工作的人是在发自内心地做事情，是为了让社区变得更好。

我相信很多人没有真正地参与进来，因为他们认为世界范围的问题太大了，一个人根本无法产生影响。但是，你不必改变世界，正如俗语所说的“你只需要改变一个人”。试着每周花 4~5 个小时去做慈善。找到你喜欢的东西，它们会让你与众不同，会丰富你的生活，而且比任何实物都更有效。

这也是一个进行商业接触的机会，当然，这是最无关紧要的原因。如果你出于自己的商业目的在非营利组织做志愿者，那么商业接洽不会发生，你是在浪费自己的时间。在选择一个想参与的组织时，你要用心思考。随着时间的推移，你会发现自己与其他志愿者建立了长期的双赢关系。你也会发现自己被善良的人围绕，他们是真正做好事的人，而不是只会说“做好事”的人。

你可以参与文化组织和活动，如筹款活动、商会、体育协会、学院、当地高中、业主协会、体育赛事、艺术展、医院。你将学习其他人是如何生活、体验新环境、获得有用的新技能的。这取决于你对这个组织或活动投入的时间，一些专业技能也可能对组织或活动有用。最终，你会获得新见解，而这会增强你的自我认知。

让社区服务于你的业务，关键是你要表现出积极的态度和高辨识度。虽然不是每个人都是潜在客户，但你可以迅速确定一个影响范围，并让这个范围随着时间的推移而逐渐扩大。

正如我之前所说的，你不能隐藏你的性格，所以找到正确的参与原因是很重要的。不要为了回报而参与社区服务（见图 14–3、图 14–4）。

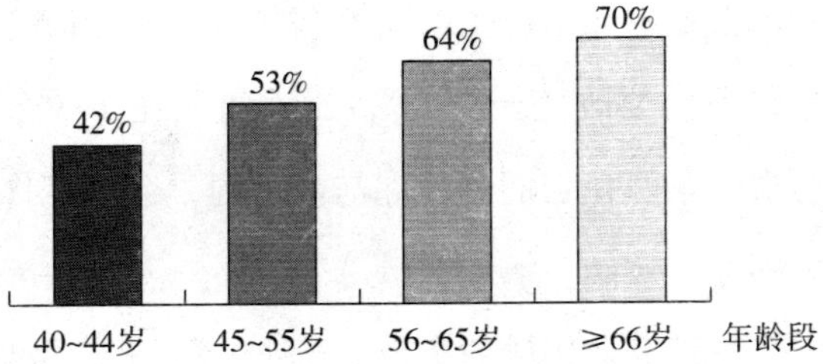

图 14–3　不同年龄段愿意推荐的客户比例

来源：麦肯锡公司

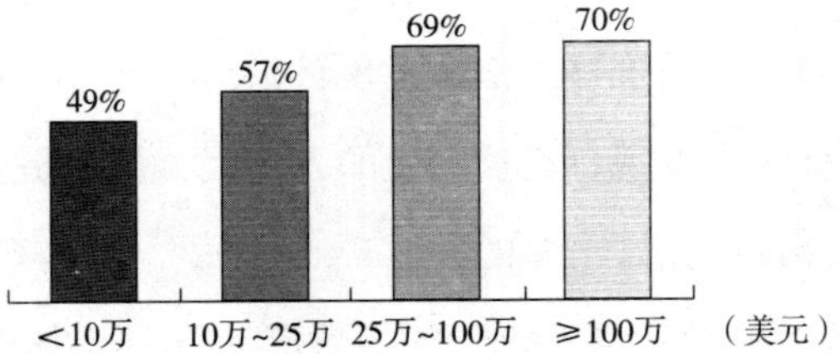

图 14–4　不同财富数量客户愿意推荐的客户比例

来源：麦肯锡公司

成功举办研讨会

在专业研讨会上带头讨论或进行演讲，是吸引客户并开展业务的有效途径。但是，这需要你付出很大的努力，它不是一蹴而就的。你要每月举办一次研讨会，关注参加者的质量而不是数量。如果他们知道自己是客户，而且至少需要 100 万美元的可投资资产，那么这个研讨会有 20 个人参加就已经很好了。此外，如果公众演讲不是你的强项，请你带上一个对外发言人。你可以考虑与一家会计师事务所或一个已经成形的团体建立合作关系，然后成为一名演讲嘉宾。我在本书的第一部分谈到了我在演讲方面的建议。以下是我成功举办研讨会的秘诀。

1. 在上场演讲之前，确保你的内容是可信的。你可以询问比较诚实的朋友，让他们提出意见。
2. 排练很重要。在研讨会前至少背诵三次你的演讲内容。不要敷衍了事。
3. 仔细筛选后再发出你的邀请函。
4. 让研讨会简短、直接、容易理解。
5. 记住，你的演讲内容很重要，你的演讲方式同样重要。如果你用一种单调的声音来讲述行业术语，那么你的潜在客户就会消失。
6. 最重要的是与观众沟通。每 3~4 秒与客户进行一次眼神交流。确保你能对每位出席的人都这样做。
7. 通过要求与会者填写保密问卷来获得即时反馈。更好的方法就是直接问你做得怎么样。
8. 跟进。给他们邮寄感谢信，如果他们有任何问题或想具体讨论自己的情况，请他们给你打电话。把他们放在你的邮件联系人列表中，随时发送新业务动向。

如果你真的致力于业务拓展，应该专注于客户资产。通过买书找到合适的客户和估值，要花费很长时间。

社交媒体

虽然金融业开始采用社交媒体的时间比较晚，但社交媒体的价值还是慢慢显现出来了。从注册投资顾问公司到更大的经纪公司，金融机构正在寻找比以往更能充分利用社交媒体的方法。它们越来越适应社交媒体的应用规则，并开始真正领会社交媒体的概念，以及如何把它应用到商业中。

考特尼·麦奎德是金融科技和社交媒体领域的专家，专注于市场营销策略研究。在过去的18年里，她一直在初创公司、对冲基金、私募股权公司，以及华尔街大银行工作。大约15年前，我在纽约遇见了考特尼，当时我们都在保诚证券工作。几年前，我们通过领英又重新取得了联系。我最近遇到了她，并借机咨询了她目前观察到的一些趋势，以及为什么顾问应该把社交媒体纳入他们的战略规划。

瑞克：社交媒体对很多人来说，似乎只是一个娱乐平台。它怎么能与顾问的商业策略相结合呢?

考特尼：这是一个很常见的问题。你已经听过那些陈词滥调了，比如“生活就是销售”。你也许可以成为一名了不起的律师或私人教练，但是如果你不知道如何推销自己，那么没有人会知道你有多么好，没有人会知道自己多么需要你的服务。社交媒体就是一个可以证明你是你所在行业的佼佼者的完美平台。在这里，你可以发布一些客户和潜在客户想了解和学习的内容，把市场上最新的消息进行分解，让客户可以很容易地消化和理解这些信息。你应该向客户表明你随时掌握着事情发展的动向，把事情应用到客户的需求上。

在COGNET研究院和领英的联合研究中，“在富裕人群中，将近2/5（36%）的人通过社交媒体来发现或考察金融公司、产品、政策或账户；在使用社交媒体的富裕人群中，接近2/3（63%）的人会根据从社交媒体上了解到的东西采取行动”。

此外，社交媒体也是建立个人口碑并与他人建立联系的完美平台，你不仅可以通过它来说明你知道自己在做什么，还能展示你是什么样的人，你有什么兴趣，从而让自己的形象更加立体。我总是告诉顾问："人们喜欢与人而不是公司做生意。因此，你需要把自己充分展示出来。"如果你喜欢烹饪、旅行、缝纫、做志愿者，那么尽量在社交媒体上分享它们。你的客户和潜在客户喜欢看到你身边的人——母亲、父亲、艺术家、慈善家等，那些可能与他们有共同点的人。社交媒体是与客户和潜在客户建立联系的最佳场所。

瑞克：相当多的顾问似乎对展示自己感到不自在，即使是纯粹的专业性展示也一样，你也观察到这些现象了吗?

考特尼：当然。不同时代的人，对在社交媒体上发表自己的事情有着不同的感受，有些人感觉自己像是在吹牛，我完全理解他们。对于千禧一代来说，在网上发布生活经历和知识，分享个人想法和感受是很常见的。但对于婴儿潮一代（包括这两代之间的人）来说，他们就可能觉得奇怪、尴尬、有侵略性，或者觉得对方在吹牛。

但我们现在生活在一个信息时代。有一件事我认为大家都不会反对，那就是人们现在会在网上进行搜索。（尽管我仍然喜欢星期日阅读一份纸质版《巴伦周刊》）你必须要习惯这些，所以我总是告诉我的顾问，可以从一星期只发一到两个领英帖子开始，逐渐适应社交网络。之后，让他们跟进领英行业中的其他公司和思想领袖的动态，试着每天只花10~15分钟，阅读领英主页上的定制信息，这就像读《华尔街日报》或彭博新闻稿一样。

很多顾问已经开始适应它了。2016年在摩根士丹利进行的一项内部研究表明，在使用社交媒体的顾问中，有46%的顾问通过它来与客户的孩子和孙子建立联系，有 57% 的顾问通过使用社交媒体获得了新资源。

瑞克：所以，基本上可以说，如果一个顾问目前没有使用领英，那么他可能会输给其他顾问。

考特尼：太对了。在领英，一天不活跃，你就错过了与潜在客户联系的机会，失去了增加客户价值的机会，错失了为自己建立一个有远见的投资专家的形象的机会。与那些投入时间和精力的竞争对手相比，你可能失去了分享理念的机会。社交媒体是现在的主要传播工具之一，是我们相互联系的媒介，是我们研究正在考虑与我们做生意的公司的情况的途径。公司的网站已经不足以相信了，人们希望了解顾问想说什么，顾问知道什么。现在，企业正在通过社交媒体把知识翻译给客户看。

更不用说，在默认情况下，领英里面的个人档案就是你线上的专业身份标识。如果潜在客户在谷歌搜索你，那么很可能这就是他们了解你的第一站。

瑞克：领英似乎是所有顾问应该使用的平台，那脸书呢？

考特尼：我听说很多顾问现在都在谈论采用“全方位法”与他们的客户制订投资计划。这意味着顾问不仅要把客户的净资产分配到合适的投资工具上，还要考虑客户的生活方式、偏好、特定的家庭环境等。几年前，脸书不是我们推荐的行业应该适用的商业平台。但现在顾问开始通过脸书与他们的客户建立联系，尽管他们可能不会在平台上发布行业知识或意见，但他们正在通过分享家庭照片和重大的生活事件来保持与客户的个人关系。反过来，顾问也可以及时看到客户上传的度假照片、退休派对照片以及与生活中的其他事情有关的照片。他们可以把脸书当作客户会议上的话题和联系客户的时间指示器。

现在，作为一名顾问，如果你选择使用你的个人脸书账号来联系客户，你可能会因为你的脸书历史中包含了很多个人信息而想要撤下一些帖子。是否需要这么做，取决于你的帖子的风格。

成功蕴含在你一次次失败，却仍没有失去的热情之中。

——温斯顿·丘吉尔

像老板一样思考，为你的业务投资

成功的顾问对自己的未来非常有信心，这让他们现在愿意为自己投资。他们知道，在生意上投入的每一美元都会在未来产生持续的积极作用。这一原则不仅适用于从业10年以上的员工，对意识到凭一己之力就可以创造巨大优势的新人来说同样有效。这关乎个人的责任，一个人可以选择自己想要的成长速度，然后让它实现。已得到证明的，对业务进行投资的策略主要包括：人力资本、技术、业务研究、市场营销、购买资产。

投资于业务对于不同的顾问来说意义不同。这可能意味着全面且有针对性的营销活动，或者购买另一本财富管理方面的书。如果不重新投资你的业务，你就是在低估你的业务、你的团队和你的公司，当然，也包括你自己。你是成长股票吗？你会投资你的股票吗？

当然，在经纪公司里对自己的业务进行投资，与在投资顾问牌照公司为自己的方向进行投资是不一样的。对于投资顾问牌照公司来说，你需要关注规模——对于许多人来说，10亿美元是一个标志，而对于其他人来说，这个数字可能是 100 亿。因此，业务投资需要以你现在所处的位置为基础。较大的投资顾问机构或投资银行专注于最好的技术、收购、营销、适度的客户服务工作，以及提供卓越的客户体验。在企业发展中，资源配置是最重要的事情。

第十五章
卓越的客户体验

优秀的品质不是空谈，而是由高度的注意力、真诚的努力、睿智的导向和娴熟的行动共同缔造的产物，是英明抉择的体现。

——威廉·A. 福斯特

正如我在第三章中讨论的：没有优秀的文化，我们就不会有卓越的客户体验。在美国有超过 30 万名顾问，但他们中的大部分人提供的都是类似的产品和业务平台，所以让自己与众不同就变得至关重要。你要通过提供卓越的服务，让你的团队与其他顾问队伍区分开。好消息是，客户的确重视卓越的客户体验，而能否提供这种体验，你完全可以自主决定。卓越的服务要有明确的愿景、战略和过程。未来将要求你细分你的客户，为不同的客户群体提供合适的服务。铂金客户和银卡客户不能得到同等程度的关注和服务。每个人都应该全身心地投入，并致力于把小事情做好。换句话说，人们会看到整体的好坏，但是把你和其他人区分开的却是那些细微的事情，所以你需要注意细节。如果你不能把细节处理好，你就变得和其他人一样了。为了打造卓越的客户体验，你需要利用技术建立一个明确的流程（见图 15–1），让客户与智能机器合作。这将允许你作为顾问，与你的客户建立情感上的联系。

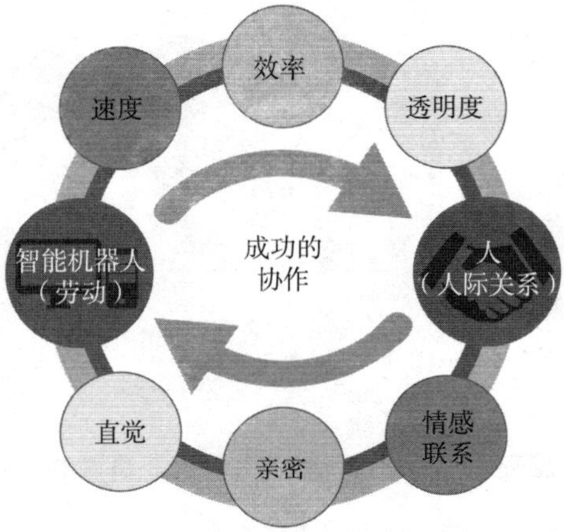

图 15–1 成功的协作

询问自己：

- 我是否更应该倾听而不是说话？
- 团队里的每个人都明白提供卓越的服务意味着什么吗？
- 团队里的每个人都明白自己是因为客户才有了这份工作吗？
- 大家都明白“建立关系需要很长时间，但毁掉关系只需要几秒钟”这个道理吗？
- 小组能做到每星期聚会一次，调整服务模式，并根据基于特定客户的经验改进客户体验吗？
- 我是否提出了好问题？
- 我是否专注于建立长期关系？
- 我是在销售一个单设账户、一个投资组合模式，还是在尝试为客户找到一只成长股？
- 我总能把客户的利益放在第一位，认真倾听对他们来说重要的事情吗？

在整个行业，对高净值客户的服务的模式多种多样。但是，能为客户提供的服务是整个业务中最可控的部分，所以你完全可以通过紧凑的、一致的服务，向客户提供卓越的体验，赢得可观的市场份额。客户换掉自己顾问的首要原因就是关系不融洽，而不是投资表现欠佳。与潜在客户保持健康的客户关系才是关键。你可以通过发送信息或与之建立关系的方法与这些潜在客户保持联络。这种联络最终将让你受益匪浅，因为在某些情况下，客户与现有顾问的关系可能会破裂。正如图 15–2、15–3 所示，的确有客户换了公司，而如果你时常向他们发送有用的信息，他们奔向你的速度则有可能更快。

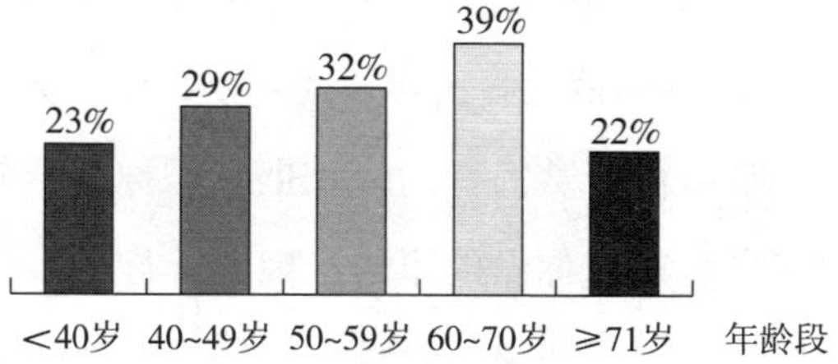

图 15–2　各年龄段客户更换顾问的百分比

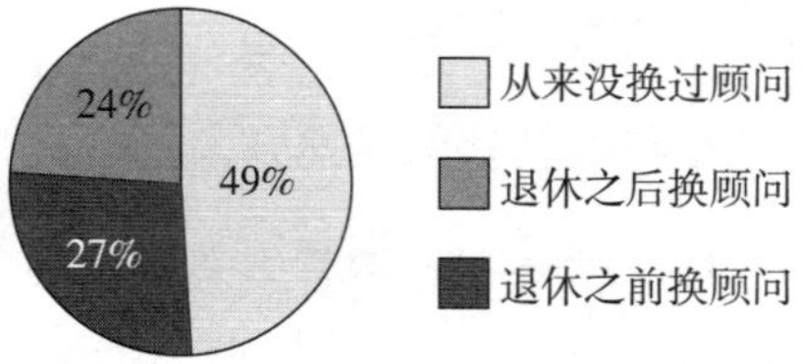

图 15–3　已退休客户更换顾问的情况

最后再强调一下，上述一切都与客户体验有关，客户体验从塑造正确的文化、雇用适合的人开始。我们必须要让客户觉得与我们做生意很方便，而这正是我们这个行业亟待改进的地方。顾问应该是客户的最大拥护者，帮助客户清除道路上的障碍，为客户提供能够创造价值的解决方案。

细节决定不同：非核心事务的重要性

要想提供明确的服务，你必须清晰地了解客户需求，详细地进行金融规划，并且定期与客户进行沟通，定期回顾资产组合情况。在深度的探索会议之后，你还需要向客户提交一份计划书和一份投资策略说明，为客户设定清晰的预期，并把它当作你提供后续服务的基础。有趣的是，在你做的诸多尝试中，小事可以产生巨大的影响。在电话响三声之后再拿起听筒、及时回复邮件（对铂金客户，你应该尽快回复）、让前台热情地叫出客户的名字，以及为客户提供额外的服务，都是非常值得赞赏的行为。我把它们称为非核心服务，也就是一些你的客户没期望你做的事情。因此，你如果想给他们留下深刻印象，就要关注这些非核心服务，把握给客户留下持久印象的机会。记住，卓越的客户体验源于客户对你的期望，而现在客户的期望正在不断上升。

到目前为止，最重要的会议就是探索会议。我将在下一章中对此进行更详细的讨论。探索会议上，你必须表明自己不仅是能满足客户期望的人，还是他们可以完全信任的人。你需要用透明度和可靠性把自己与其他人区分开。作为一名顾问，我在每一次会议开始的时候就在脑海中构思好了结尾——我希望在会议上完成的任务。在我的人际关系网和所有合作中，据我所知，仍然存在一些并不完全可靠或脆弱的人。某些顾问在客户会议中的表现也是如此。所以下面的问题不仅会在探索会议中扮演重要角色，还会帮助你充分了解潜在客户，让你超越客户期望，为客户提供定制化服务、创造价值。

询问客户：

- 对于你来说，在接下来的五年里，什么才是重要的东西？
- 你最担心的是什么？
- 在选择公司时，你最看重的两件事是什么？
- 你热爱什么？
- 你对这些资产有什么想法？
- 你认为卓越的服务应该是什么样的？
- 你希望多久开一次会？
- 一般来说，我们最好在什么时间开会？
- 你喜欢以怎样的方式进行沟通？文字信息、电子邮件，还是打电话？

一名典型的投资多面手会给客户提供预定的财务计划，并且只有在讨论的主题出现在交易环节之后的时候才与客户联系。因为客户数量越大，他（她）每月与客户通话以及进行定期回顾的时间越少。但对于财富管理行业的从业人员来说，正是这些接触机会真正建立了与客户的关系。这种非核心服务会让你脱颖而出。虽然这些都是小事情、小细节——用黑色的汽车接送客户、用高档的皮质文件夹保存客户资料、用正宗的瓷器给客户准备咖啡，这些都是他们不曾期望、但会对他们产生魔力的东西。你已经做过类似的事情了吗？除了已经做到的，你还能做些什么？定期问你自己和你的客户："我们应该做些什么，才能让自己从提供同样服务的企业中脱颖而出？"你的业务重点不是总量的大小，而是质量的高低，所以每个人都应该一直竖起自己的触角，全力寻找给客户留下持久印象的机会。如果团队中的某人真的凭借自己的方式给客户留下了深刻印象，那么，请不要让他保守其中的秘密。

没有优秀的销售助理，你就无法提供卓越的服务。这就是我看到的、为客户提供卓越服务（见图 15-4）的最大机会之一，但这也是顾问犯下的最大错误之一，即没能投资于自己的业务。首先，你要雇用合适的人，让他们扮演正确的角色。如果你聘用了一个需要每天和客户交谈的人，那么他应该享受和别人一起工作的过程，并且具有很好的人际交往能力。他们的软技能是否在与时俱进？他们会定期接受培训吗？能吸引、发展和留住有天赋的销售助理是精英团队与其他团队的最大区别之一。最重要的是，正如我在第三章中所讨论的，扮演助理角色的人必须要感受到别人的尊重和重视。我很惊讶为什么有些团队即使能够负担得起也不聘用助理。我认为助理是顾问与客户的黏合剂。用你的方式向助理表达感激之情吧,你可以亲自向他们说“谢谢”，给他们手写感谢信，替他们庆祝重要的事情。做出正确行为的最好的方式就是将激励与业务增长率、客户留存率和客户忠诚度挂钩。

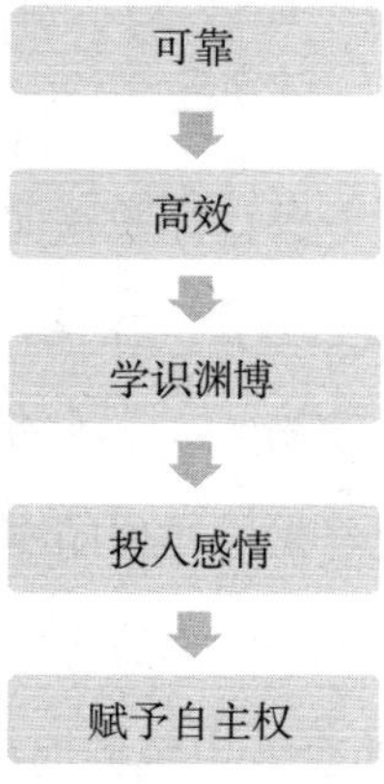

图 15-4　卓越的客户体验

人的伟大不在于财富和权力，而在于品格和善良。人只是人，所有人都有缺点和不足，但我们天生都是善良的。

——安妮·弗兰克

客户的反馈是最好的礼物

从你的客户那里寻求反馈是衡量他们对你的服务是否满意的一个好方法。你可以给客户一张便笺，例如：

亲爱的____：

我想借此机会向您表示感谢，感谢您给予我们帮助您实现财务目标的机会。

很多次，我都想与您进行沟通，以确保您得到了预期的服务。我想请您花些时间给我一些关于我们可以改进哪些工作的反馈。

恳请您坦率地指出我们的不足，也请随时约我们讨论本次调查中没有提到的话题。提前感谢您抽出宝贵的时间来帮助我确定怎样才能更好地为您服务。

真诚的____

向客户寻求反馈很关键，但我会提前判断应该向哪些客户发送问卷。例如，对于排名前 25 名的客户，你不应该通过发送电子邮件来寻求反馈，而是应该安排面对面会议，从而展示你对他们的时间和意见的重视。坦率地说，他们可能会认为收到寻求反馈的电子邮件是一种侮辱，因为电子邮件可以被解释为一种不重视的态度。

定期听取客户的意见

与客户联系最紧密的人拥有最强大的力量。他不会是首席执行官、首席财务官，也不会是一年才见一次客户的人。顾问才是真正了解客户需求的人。最好的顾问会定期询问“我做得怎么样？”或者“我们还能做得更好吗？”你要了解自己的客户。如果你给已经合作了10年的重要客户发送了一份调查问卷，那么你就是在侮辱对方。他们需要更多的私下交流。你可以邀请他们出去吃午饭，并以此为契机进行一对一的谈话。你要构建一个多样化的、由聪明的人组成的团队作为你自己的业务顾问。同时，你也要营造一个安全的氛围，让人们说出自己的想法，找到你和你的公司可以做的与众不同的事情，从而提升整体的客户体验。倾听对于客户来说意味着很多事情：第一，这个顾问关心我；第二，这个顾问想提高自己的服务水平；第三，这个顾问愿意接受建议。通过征求客户的意见来表示尊敬是一个能够评估你目前的水平的好方法，你可以评估自己目前做得怎么样以及需要做出什么样的调整。所以，养成一个定期寻求客户反馈的习惯吧。正如我之前说过的，时间对于高净值个人来说是非常宝贵的，因此，请简洁地提问。如果客户要来办公室做回顾，那么你可以先给他们发一封电子邮件，简单地问一下关于体验的问题。例如，从1分到5分，客户给自己的体验打几分。实时了解客户的体验是很有成效的。电子邮件的收发只需要20秒，他们可能很快就给你反馈。如果客户觉得用户体验很糟糕，你当然应该立即跟进并找出原因。

交流和沟通

与客户交流和沟通的关键是深入了解他们看重什么。有很多关键词和短语能够让人感觉良好，并影响人们的思维。我喜欢说“你可以信赖我”这样的话（重申一遍，不要说模棱两可的话，只有如实陈述才能让你获得信赖）。

可以与客户产生共鸣的关键词包括：

• 安全	• 锚定
• 可靠	• 支持
• 依赖	• 慎重
• 可信	• 明智
• 重要	• 合理
• 一致	• 成长
• 保守	• 富有
• 防御	• 加强
• 谨慎	• 弹性

除了了解对客户可能有吸引力的语言之外，你还要确保团队中的每个人都通过培训接受了同样的理念，即“客户并不需要我们，但我们需要他们”。在与客户见面的前一天，通过团队会议等方式让每个人都了解最新情况和客户的期望，并明确会议的目标。

沟通可以为建立持久的关系打好基础。你有在合适的时间主动接触合适的客户的策略吗？在市场低迷时期，你还能接触到客户吗？媒体可能会给客户造成不必要的焦虑，放大投资者对市场的关注。市场波动的时候这一点尤其明显。在这些恐惧变得根深蒂固之前，你将如何为客户减轻恐惧?

我们要谨防信息爆炸，因为它会造成更大的混乱。因此，我们需要一个值得信赖的、有能力的顾问来解读信息。金钱可以让人们情绪化，在市场波动的时候尤为如此。一个值得信赖的顾问会让客户保持清醒，远离恐慌。

废除繁文缛节

许多高净值客户在自己的业务领域非常成功，懂得如何经营企业，让这个企业走向繁荣。他们不想看到你团队里面官僚化的程序，你不能用繁文缛节把他们的事情搞砸或者让自己陷入困境，阻碍客户收到他们想要的信息。因此，少承诺、多做事对你没有坏处。如果服务质量出了问题，你要立即承担全部责任，并迅速执行补救措施或酬谢方案，比如通过给客户提供手写材料、打电话或面对面交流的方式来沟通。最重要的是，你不要以一个受害者的身份加入相互指责的游戏。

我想让你知道你的内心让你去做什么，然后尽你所能地实践。之后，你会发现，从长远来看（我说的是长期），成功一定会找到你，而这正是因为你忘了去想它。

——维克多·弗兰克尔

你需要抓住每一个机会与客户建立关系。这从你构建并向客户传递投资计划开始。不要发邮件，你应该亲自把它出示给客户。这是建立并深化客户关系的绝佳时机。

顾问只有与那些希望保持财务状况控制权的客户进行合作，才能达成符合客户短期、中期和长期利益的目标。你要定期与客户沟通，系统回顾投资组合的表现，并及时更新信息。

一个优质客户服务模式应该包括对机会的预期，这不仅有助于你在客户体验上做到与众不同，还可以帮助你满足高净值人士的需求，甚至在他们表达自己的需求之前就已经为你做好了工作。机会可能会以抱怨的形式出现。因此，不要以为没有消息就是好消息。经常问你的客户一些最简单的问题，比如，“我们做得怎么样？”“为了让我们的交流对你更有益处，我应该做些什么？”

客户答谢会

午餐、晚餐、假日聚会等场合都提供了很多与客户建立关系的机会。它们可以让客户感受到你的感激之情，还能让你在轻松、低调的环境下与他们分享新信息。

你可以邀请你的前 50 名重要客户和他们的朋友，为他们做一顿丰盛的晚餐，借此机会向他们表示感谢。可能只有 20~25 人出席，但这并不重要。

在假期里邀请你的“A 级”客户出去吃午饭，而且让受邀的每个人都带上一位朋友。带上你的相机（或雇用一名摄影师），并在下次会议上与他们分享这些照片（同时把照片通过电子邮件发给那些不能参加的人）。这很珍贵，也很值得。这些照片也能起到破冰船的作用，因为人们喜欢审视自己，喜欢谈论他们上一年的美好时光。举办客户答谢活动是为了表达你的感激，培养、维系你与客户的关系。如果这些类型的事情不符合你的做事风格，那就要想想其他创造性的方式来与你最重要的客户进行接触。这种方式可能是一场体育赛事，一节烹饪课、瑜伽课，或一场艺术表演。这就要看你的创造力了。

客户的季度回顾和年度回顾

季度回顾和年度回顾是顾问展示卓越客户体验最好的机会之一。这些会议是成功地与客户沟通的基石。在会议期间，你也许能有几次机会强调客户的留存，建立更高的忠诚度，或者寻求引荐。虽然要根据你细分的客户来决定，但大多数人应该进行季度回顾。季度回顾可以通过电话进行，但要确保你的客户有机会在打电话之前查阅他们的季度报告。当然，面对面的沟通总是最好的，因为你可以借此机会更多地了解客户生活中的变化。对于你最优质的客户，你可能需要建立每月的回顾机制。问问你的最优质客户，看看他们更喜欢怎样进行回顾。对于其他客户来说，年度回顾就足够了。

对于每一次回顾会议，你都应该为客户提供一个标准且简短的报告，并在第一页写好摘要。你要做好功课，因为如果你没有做充分准备，只是应付差事，那么客户会感觉得到。客户也能知道你是否因为认为他们不应得到这样的服务而匆忙地做了些准备。简单地与客户交流对回顾的期望，可以帮助你更好地统筹会议。你应该花多少时间准备回顾内容？正如你知道的，这取决于你与客户的关系。对于一些客户来说，它可以短到 30 分钟；而对于其他客户来说，它可以长达两个小时或更长。这取决于规模和复杂性。

做回顾时应该讨论以下问题：

- 自从上次回顾以来，你的生活发生了什么变化？你经历过什么重大的事件吗？
- 我做得怎么样？在这种市场环境下，我们投资组合的资产配置是否正确？我们需要做些改变吗？
- 你的收益和损失有多少？
- 与你的客户分享你的市场预期。对客户为什么应该保留一部分现金、股票或固定收益资产进行解释。
- 讨论的财富管理问题有：遗产规划、退休、慈善捐赠、资产所有权、负债、现金流、保险、所得税、支出。

你可以借助这些会议来询问你的服务水平是否满足客户的期望。高净值客户往往有很高的期望，但只有当你超过他们的期望时，他们才会成为你的粉丝。约 90% 的“非常满意”的客户愿意把你推荐给别人，而只有 15% 的“适度满意”的客户会给你做推荐。因此，准确地了解你的客户对你的服务和团队的感受是非常值得的。

最后，客户可以给你的最好礼物就是他们的反馈。正反馈和负反馈对于客户体验来说至关重要。然而，如果你不定期地询问你的客户，那么你就是在黑暗中工作。如果你的客户开始考虑更换顾问，就太迟了。我喜欢用“我还能为你做些什么吗”来结束大多数会议（不仅仅是回顾会议）。这个问题把我对客户的关注传递给了客户，表明我是一个付出者，可以提供帮助。

第十六章
探索会议

大自然给了我们一个舌头和两个耳朵，让我们能做到听是说的两倍。

——爱比克泰德

我们如果停下来思考一下就会发现，探索会议是目前为止与客户一同召开的最重要的会议了。它为后期关系的建立、预期的确定提供了基础，是我们深入理解客户需求的第一步。但我逐渐发现，通常我们都把这个环节执行得太匆忙了，从而错失良机，无法真正了解潜在客户的梦想与目标。我们都希望能立即获得客户的信任，而第一次会议正是关于赢得信任的会议。没有信任，你就无法将双方关系向前推进。获得信任最快的方法就是压缩时间。你可以通过提供百分之百的透明度，提出令人信服的问题来做到。你应该把所有的东西都放在桌面上，并避免成为机器人——你是人，你会犯错误，你必须承认自己并非知道一切。简而言之，如果你希望你的客户敞开心扉，那么你自己必须首先做到这一点。不要事先做出判断。你应该创造一个安全的环境，让客户敞开心扉，不进行批判或者讥讽。另外，你要把探索阶段看作一个永无止境的过程。团队总是能从与客户的交流中发现一些新东西。投资者与其资金之间的关系是复杂的、私密的，而且在世界上许多国家都是完全保密的。最好的顾问能跨越客户设置的障碍，劝说他们描绘他们的梦想和恐惧，同时通过讨论金钱的真正意义，与客户建立更深层次的信任关系。

在第一章中，我们讨论了沟通是我们与客户、同事建立信任关系的最重要的工具。成功的顾问会花费大量时间不断提升这项重要的技能。最好的沟通者能用更少的话语说出更多的内容。他们也是积极的倾听者，并能不断地提出发人深省的问题。让我们面对现实吧，一般来说，人们只能保持两到三分钟的注意力。我通常假设人们没在听我说话，因此，我时刻提醒自己，要更努力地让我的观点被众人接受。对于我来说，判断某人是否值得信赖的最重要的因素之一就是他们的倾听能力。换句话说，一个听得多、说得少的人更值得信赖。你如果仔细思考一下，就会发现这是有道理的。有时，那些说得很多的人，好像是在试图销售某种东西——不管是想法、观点、产品还是其他事物。下面的探索图可以作为指南，帮助你把注意力集中在探索的过程中（见图 16–1）。

图 16–1　探索图

如果说有效沟通的能力是一个成功顾问最重要的工具，那么聆听就是其中最重要的部分，而对于许多人来说，这也是他们在沟通中最缺乏的部分。真正的倾听需要精力、同情心、成熟度和高情商。在探索会议期间，你和你的团队讲话的时间应该占 20%，另外 80% 的时间应该留给倾听。这不是展示你的平台和投资理念的会议，这些内容应该出现在不那么重要的会议上。是的，你也应该试图给你的潜在客户留下深刻的印象，但不要做得太过分。真正专业的财富管理者不应该这么做，只有供应商才是这样做的。

正如我在本书的第一部分提到的，古希腊哲学家可以教会我们很多关于沟通、交流的知识。从亚里士多德那里我们知道，如果想说服某人，无论对方是你的听众还是你的客户，你都需要：第一，展示你的特点（气质）；第二，表露你的情感（同情）；第三，证明你的逻辑（理性）。

你的气质是由你值得信赖的程度来确定的。通过行动来展示自己的气质，比简单地谈论自己的特点更有力量。

同情为我们提供了情感的联系，使我们能够分享真实的自我。当你透露一些关于你自己的事情，分享你的梦想、希望、抱负或烦恼时，一般来说，客户会对你敞开心扉。关系就是通过分享经历建立起来的。置身于机器顾问开始在我们的行业中扮演更重要的角色的时代，我们与客户的情感联系，会让客户关系的处理产生巨大的差异。

理性是我们专注于逻辑、数据和过程的工作的一部分。例如，当我们提供历史回报证据时，我们能够理性地说明投资绩效。

这个“三管齐下”的模式是有效的。事实上，它经历了 2 300 多年的考验。最好的顾问知道如何在他们的谈话中体现气质、同情和理性。在与客户的交流中，让一个团队兼顾所有这三个部分是非常有利的，因为一个人可以作为关系的构建者，而另一个人则可以专注于财富管理技术方面的内容。

比“鸡尾酒交谈”更进一步：用直觉倾听

我们的文化使我们喜欢交谈，这并不意味着什么。最常见的交谈发生在鸡尾酒会上，你听到的都是响亮的嗡嗡声，这里大部分的谈话都不重要。人们试图在此超越别人，或给别人留下印象，但其中大部分内容都是肤浅的。参加聚会的人并不一定是肤浅的，但他们遵循的是鸡尾酒会的潜规则。酒会后你通常会感觉头痛，需要服用阿司匹林来缓解。

但是，你可以不去参与和客户或同事之间毫无意义的对话。你可以通过让别人了解你的内在和你的身份来获得他们的信任。试着做你自己：开放、脆弱和深沉。如果你有勇气让人们看到真实的你，那么他们会对你产生信任。你要有勇气关心别人、温暖别人，也可以情绪化（但不要过度情绪化），让人们看到你的特别之处。

在内心深处，大多数人都想和真实的人打交道。真实意味着同时承认你的失败和你的成功，也意味着和别人分享快乐和悲伤。你不能伪造和杜撰它。你的肢体语言、眼睛和声音都在讲述你的故事。

情商的重要性

虽然逻辑和纪律对于做一个好顾问来说很重要，但是当你不使用你大脑的另一半去与客户建立情感联系时，它们有时也会成为你的障碍。虽然客户非常关心数字，但客户仅仅关注那些与他们的总体目标、生活和未来有关系的数字。这意味着演讲的方式往往比内容更重要，至少一样重要。简而言之，你说的话和你说话的方式一样重要。

发挥你的软实力

领导者和管理者之间的最大区别之一，就是领导者能够以一贯的方式激励他人。你如果不懂得激励自己，就无法激励他人；你如果不花时间和精力去开发你的情商，就无法激励自己。

研究表明，情商区分了业绩杰出的人与业绩普通的人。最好的顾问知道如何问出带有情感的问题。大众的认知可能认为顾问应该善于讲话，但最好的顾问应该能通过细心、积极的聆听来提出高质量的问题。这些顾问明白，与客户的联系始于心灵的相遇，之后才是思想的交流。

心理学研究还表明，情商较高的顾问更受人喜爱、值得他人信赖，并有能力胜任自己的工作。他们有很强的获取复杂信息的能力，并能以简单而引人入胜的方式做出解释。他们是伟大的讲故事的人，这使他们成为有效的沟通者。人们对故事和隐喻的印象比对电子幻灯片第 47 页第 7 点的印象更深刻。这种情商对于成功的探索会议来说至关重要。

精彩的问题让你与众不同

探索会议的一个关键部分就是提出问题，让你的客户告诉你他们的故事。你需要的不是你想听到的故事，而是对于他们来说很重要的故事，这将帮助你了解怎样做能帮助他们获得成功。你可以用个性化的、开放式的问题引出这些故事，这些开放式的问题有：

- 你已经很成功了。你最引以为傲的是什么?
- 你希望在接下来的 5 到 10 年里完成什么?
- 你如何定义舒适的退休生活?
- 你是怎么打发空闲时间的？你热爱什么?

- 你认为你将来会为你的父母或你配偶的父母负责吗?
- 你认为自己还会工作多久?
- 从财务角度来看，你最关心的是什么?
- 基于你的风险承受能力，你如何描述一个合理的回报?
- 我们讨论过的问题有什么需要澄清的吗?

显然，这些问题不涉及价值投资与成长投资，也不涉及对不同的饼状图或资产配置的分析。这些沟通是重要的，也是早晚都要发生的，但情感有助于建立有意义的对话，平安应对市场动荡，帮助客户实现他们的重要目标。

成功的顾问会努力从与客户建立关系的初期就开始了解客户。等到股市下跌 20% 之后再做这些，可能就会经历一个痛苦的过程了。最好从一开始就着手做这件事，并稳妥地完善它，这样才能使艰难的对话变得更容易。

里程碑事件

在建立和深化与每一个客户的关系的过程中，都会有一些决定性的时刻，你必须敏锐地意识到这些时刻并抓住它们背后的机会。你如果是一个积极的、直觉敏锐的听众，能在第一时间知道客户生活的变化，就可以建立一个持续多年的有意义的融洽关系。

客户的生活变化包括与业务相关的事件（升职、搬迁、重组）、与家庭相关的事件（出生、死亡、周年纪念），或者普通的事件（假期、年度事件），这些事件都因为你的关心而有了更多的意义。

当客户生活中发生重大事件，而你成为最先收到消息的人之一时，你就达到目的了。你现在是一个值得信赖的顾问，也是他们内部圈子的一部分。你有这样一个知己，并要对其负责，是多么荣幸、多么非同寻常的一件事情。

探索过程 7 步走

之前讨论的技巧都应该整合起来在探索会议上讨论，具体包括沟通技巧、成为一个敏感的听众、情商、提出引人注意和发人深省的问题。探索会议本身可以被分为 7 步，但第一步也是最重要的一步是与潜在客户建立信任和尊重。

1. 会议地点应该是舒适的，比如洒满阳光的室内。你可能要重新思考如何摆放人工花卉。会议上，你的前几句话应该包括召开这次会议的目的——探讨未来的合作。你应该让潜在客户坐在上位，在房间里准备好水或咖啡，你还可以摆上一些饼干、水果或糕点。当客户到达时，应该有人在大厅接待他们。毕竟，这里不是医生的办公室，等待时间应该是零。

2. 说明会议持续的时间，并简述议程。定时停下来讨论问题。

3. 介绍是非常重要的。你需要热情洋溢地介绍团队成员，并简要地介绍他们每个人的职务、角色、经验等。你要使用朴素的语言，不要使用简称或“华尔街”的行话。

4. 把一本指南摆在面前，但不要根据它来提出问题，因为这样你就像在核对一个列表一样。问答要有对话的感觉，潜在客户会从你的肢体语言和眼神中读出很多你没有说出的内容。另外，团队成员应该做好记录。

5. 你的目标是建立信任并快速评估你和你的团队是否能够为客户创造价值。它适合你的商业模式吗？你能达到或超过预期吗？不要试图为所有人做所有事情，因为从长远来看，这样做会两败俱伤。

6. 为下次会议达成共识。告诉对方下次会议中你的关注点和咨询流程，提醒他们你在尝试与对方建立长期的、互利共赢的关系。

7. 让潜在客户结束对话。确保你已经回答了他们的所有问题。做出情感上的投资，送给他们一些营销资料，送他们走上电梯，或者把他们送到车前。这些都是打动人心的点滴小事。

因为这次会议是客户与顾问之间最重要的会议，所以我要强调一下我多年来看到的一些最常见的错误。不管你在哪儿，你都需要注意以下错误：

- 没有充分准备会议。你其实可以搜索到任何人的信息。
- 不了解客户的世界。如果他们是企业家，你了解他们面临的挑战吗？
- 说的内容太多了，却没有问出正确的问题。你需要抽丝剥茧才能挖得更深。
- 不介绍其他成员，或介绍得不够好。与其他成员配合得不默契。
- 使用的行业术语太多。
- 没有意识到身体语言、面部表情、音调和节奏（你的和他们的）是如何影响室内气氛的。
- 让客户主持会议，反而会让会议无法达到它应有的效果。
- 忘了这句话——“不要通过封面来判断一本书”。不要这么快就得出与客户有关的结论。

- 对客户所说的和你听到的做了太多假设。你忘了持续地剥开洋葱皮。你可以追问：你刚刚表达的意思是什么？能多说一些吗？
- 错过了真正认可他们的成就或他们最引以为傲的事情的机会。

第十七章
为客户创造价值

认识自己是一切智慧的开始。

——亚里士多德

财富管理和资产管理行业都面临着费用压缩。技术的发展对原有模式造成了巨大的破坏，而且这个趋势将持续下去。亚马逊、优步、爱彼迎、脸书、耐飞、阿里巴巴、色拉布、苹果、谷歌、众包地图等公司都在不断挑战这个行业。商品化本身意味着你只能在价格上参与竞争。因此，你尝试的在咨询业务上进行价格竞争，就像是丽思·卡尔顿（高级酒店及度假村品牌）在和别人打价格战。相反，你应该更加专注于为客户创造价值，并根据客户的重要性依次将价值分配给不同的客户群体。一个拥有 2 亿美元管理资产的团队可能通过推荐机会或从其他竞争机构转移资产的方式，让你有机会把资产管理规模提升 4~5 倍。你如果能从一个更广阔的视野进行考量，就能看到一名客户的价值。未来将迫使顾问业务发展得更像家庭白领。你应该从了解每一位客户关系的价值开始，保护你的价格体系。2016 年 9 月的《哈佛商业评论》发表了一篇题为《你的顾客真正需要什么》的文章，该文章研究了产品和服务能在几个方面为客户提供价值。价值的要素主要满足 4 种客户需求：功能需求、情感需求、改变生活的需求和社会影响需求。

评估、优化你的客户群基础的方法之一，就是从社会学的角度来研究你的客户群。美国人口结构正在飞速变化，未来的财富顾问需要充分理解很多高度细分且类型不同的投资群体之间的区别，并从中找到你的特定客户群，比如那些准备进行财富转移，想要出售、转让或扩张业务的人。精确地找到自己的客户群对你未来的成功至关重要。富人寻求的是价值，不了解这一点的顾问将会丢掉自己的市场份额。一个富有的客户可以毫不犹豫地买下一瓶 500 美元的酒，但在购买新车的时候还是会积极地讨价还价。在看不到价值的情况下，价格就是他们关注的问题。你提供的是产品和解决方案，而不仅仅是你推荐的股票、债券、理财产品，或者你构建的财务规划。当你低估自己价值的时候，你是无法赢得生意的。然而，如果你表现出可以胜任的能力、对项目的信心和正直的行为，你的客户就会自然而然地与你讨论他们的财务需求，并为优秀的服务和定制化的解决方案付费。他们不会为千篇一律的解决方案和由没有能力的人提供的无法持续的服务埋单（见图 17–1）。

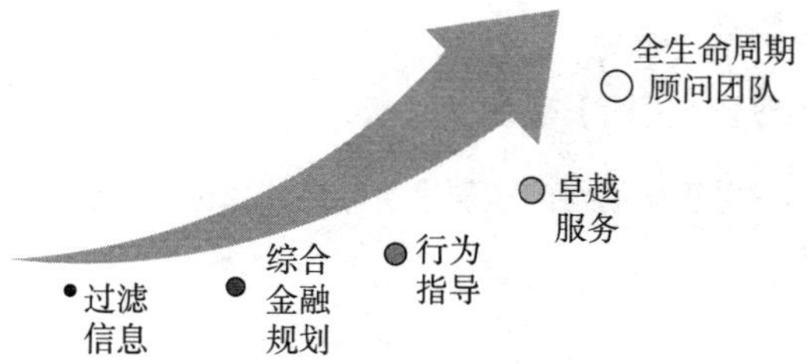

图 17–1　顾问给客户提供的价值要素

关于“费用”的讨论

以下是一些关于你向客户收取费用方面的讨论。你提供的很多服务都是无形的，但你的职责是对无形服务进行解释，以及它们如何在符合客户利益方面做到透明化。这些服务包括：

- 准备一份定制化的综合金融规划
- 资产配置
- 管理回顾
- 风险管理
- 投资表现报告
- 税收收益的考量
- 再平衡
- 整体账户的监管
- 定制的遗产规划服务
- 保险回顾
- 量身定做的求学规划

- 银行及其他融资
- 管理客户的慈善（捐赠）策略
- 专家团队，致力于帮助客户实现量身定做的目标，积极主动地实现客户的金融目标

客户群分层

客户群分层的主要内容是识别你想要服务的客户的类型，以及如何为客户群创造价值。为了全方位地理解客户群分层的重要性，我们需要回到 1897 年。我们都听说过二八定律（80/20 定律）。发现这个定律的人是帕累托，他是 19 世纪在英格兰研究财富与收入关系的意大利经济学家。他的研究表明，英格兰大约 80% 的财富掌握在 20% 人的手中。他的发现与人口比例及他们持有财富比例的数学关系相一致。之后，他还发现这种关系不仅适用于英格兰，还适用于整个欧洲。

1949 年，哈佛大学教授乔治·齐普夫称二八定律为最省力的法则。他认为，20%~30% 的生产资源（比如人力—时间资源）将始终占与该资源相关的生产行为的 70%~80%。我们每天都可以在财富管理行业体会到这个定律。一般来说，20% 的客户会贡献你 80% 的收入。在有些情况下，这两个数字可能是 30% 和 70%，这个 19 世纪就被提出来的理论在今天仍然基本成立。因此，客户群的分层管理关乎创造效率、容量、规则以及可持续的流程，以及让你改进业务的实际操作。最重要的是，这关乎为顾客提供卓越的服务，以及出色的客户体验。

我看到过的最好的团队都完全拥护这个概念。但是，大多数顾问仍没有在自己的客户服务体系中加入客户群的分层，通常是因为他们没有意识到分层可以给客户和业务本身带来优势。最终，客户群分层会帮助你为客户带来最高水平的体验，让每位客户都获得他们期待的卓越服务。客户群分层要求你找到正确的客户平衡点，让你能以超越他们期望的方式提供服务。如果说比例是一门科学，那分层更像一种艺术。你用来标识客户群体的标签，应该同时包括客观和主观两个方面。客户创收是分层的重要元素，但不是唯一元素。比如，你可以考虑根据如下内容进行分层：

- 客户收入
- 客户资产
- 拥护者—核心客户
- 喜爱度
- 利润率
- 业务扩容的可能性

客户群分层可以通过多种方式来实现，但对于理财经理来说尽早启动这项工作才是关键。设立账户最小金额是一个实用的客户群分层法则，这能帮助你的新客户确信你是一位严肃认真的顾问，你和客户双方都对关系的建立有一定的期望。

精英顾问成长模型

个人模型：

- 执行力
- 能力
- 心态
- 目标

业务模型：

- 业务发展
- 客户体验
- 财富管理
- 过程管理

忠诚客户、客户以及潜在客户

另外一种客户群分层方法就是把客户分为三类：忠诚客户、客户以及潜在客户。正如二八定律所说的那样，我们 80% 的业务来自 20% 的客户。那些排在你前 20% 的客户应该是你的忠诚客户，他们应该获得你 80% 的关注。他们是你“行走的广告牌”，能为你持续并稳定地进行推荐，他们几乎不会对你的建议提出质疑。“客户”这一层级的顾客，可以把一部分业务交给你，愿意接受并珍惜你的建议。“潜在客户”只把一小部分资产放在你这里，没有与你建立有意义的联系。根据目前的客户基础，按照这种方式进行客户群分层，能帮助你进行有效聚焦，甚至能告诉你，如果被占用太多时间，或者对方并不珍惜你的建议，你可以在什么时候让客户离开。尝试取悦那些不认同你和团队价值的客户非常耗费精力，至少会让你对核心客户分心。

你如果把自己的客户看作投资组合，就会期待自己付出的精力在未来得到回报。但是，正如古普塔和莱曼在《关键价值链》一书中所说的，客户价值有两个方面：一方面是公司对客户的价值，代表你投入的时间、精力和资源；另一方面是客户对公司的价值，是这些投资的实际回报。古普塔和莱曼将客户分为4类：明星客户、注定失败的客户、易受伤的客户和搭便车的客户。

- 明星客户是那些你认为他提供的产品和服务具有高价值的客户，你从他们那里获得利润、忠心和更长的留存时间。
- 注定失败的客户是那些不太看重你提供的价值的人。只有当他需要处理大量交易的时候才会找到你。如果你无法将这些客户的盈利水平发展到更高层级的话，重新评估或放弃这些客户对你来说可能是最好的选择。
- 易受伤的客户对公司的价值较高，但不太容易给公司带来回报。他们是脆弱的，容易因为你出现错误而把合作意向转向你的竞争对手，除非你能迅速地采取补救措施。你可以通过提供更好的产品、额外的服务和支持留住这些客户。
- 搭便车的客户是那些从你提供的产品和服务中获得极高价值，但对你没有什么价值的客户。他们会利用自己与你和你团队人员之间的关系，但对你们的投资产生的回报率很小。

其他注意事项

并不是所有的客户—顾问关系都有效或者值得你进行投资。成功的顾问能意识到这一点，并且能够摆脱这些困境，因为他们了解自己，知道并尊重自己的价值，也了解他们的客户，知道并且尊重客户的价值。他们承认，在某些情况下，无法提供解决方案本身就是一个解决方案。如果一个顾问认为他不能与客户开展良好的合作，那么这个顾问就应该与他的领导商讨，看看还可以采取什么行动。这时候，换一个顾问甚至换一家公司可能更合适。如果一位客户抱有不切实际的期望，或一再要求你对费用打折，显然他并不重视你以及你提供的服务。你如果一再迁就这位客户，就是在低估自己的业务能力。但是，你如果根据你的商业模式和你的理念选择客户，就可能会得到一些具有极高忠诚度、能持续地为他人推荐你的服务的客户。你就是他们的解决方案，但也要记住你并不能解决所有人的问题。

一项长期业务

财富管理业务既是艺术又是科学，最好的实践是既要建立客户关系又要深化客户关系。通常情况下，客户关系就是与一家之主的关系，不会延伸到配偶和子女。但是，如果未能与家庭的其他成员建立很紧密的联系，当家庭决策权易主时，你可能会面临失去这个账户的风险。尽管与已逝的客户建立了稳固的关系，但你很可能会为保留这些账户而抓狂。婴儿潮一代是有史以来最富有的一代，根据一家财富管理公司的预测，他们的产值在 2030 年将达到 54 兆美元。婴儿潮一代将比他们的父母或之前任何一代人都活得更长、更健康、更活跃。现在往后 10 年里，婴儿潮一代开始陆续退休，每天大约有 1 万名婴儿潮一代的人退休。因此，财富转移应该是整个业务计划的一部分。关系需要花很长时间才能建立，因此，你应该现在就定期与客户的孩子建立联系。

在这个过程中，尽早与全部家庭成员见面是至关重要的。聚焦于几代人，将有助于你掌握并壮大你的资产。顾问可以通过建立一个业务全面的团队来积极地解决这些问题，这个团队将满足客户以及其家庭成员在生活方面的不同需求。如果你在合适的时间把你的团队放在合适的客户身上，那么你将证明你的投资价值，并在长期内获得更大的收益。

我第一次见到锡德·奎勒是在 2015 年，当时我在美国各地为他举办了几次关于拓展业务的演讲。锡德是大西洋信托公司业务拓展部的负责人，在该行业已有超过 25 年的经验。他领导着位于美国 14 个办事处的专业团队。和我一样，锡德是一个顾家的人，喜欢和家人在一起。以下是我和他关于扩大资产管理规模（AUM）的对话。

瑞克：公司的战略以及扩大管理规模的步骤是什么？

锡德：我们的策略是保护我们所拥有的，并以此为基础。客户留存是我们的第一要务，成长则是第二步。我们意识到，要想发展壮大，就必须建立一个稳定的基础，而这里面包括高客户留存率。我们像激光一样聚焦在成长上。我们不仅要在业务发展层面实现个性化，还要在关系经营方面做到个性化。每个部门都有不同的策略，并充分利用公司提供的各类基础工具。每年我们都要通过工具来实现增长。在财富管理领域，每年都有

6~10个基础工具发生变化。我们会根据这些工具制订并实施一个具体的计划，然后进一步打破它。业务发展人员有自己的计划，关系经理也有自己的计划。我们发现，关系经理或顾问的存在都对业务的开展有很大帮助。与其他计划一样，问责和监督是非常重要的，但我们希望我们的专业人员具有企业家精神和主人翁意识，这样他们才能全力执行他们的计划。

瑞克：你认为高水平的业务员与其他人有什么区别？

锡德：诚信、愿景和努力。如果任何级别的专业人员都能带着诚信开展业务，那么你可能不会一直在业务中取胜，但肯定的是你已经以“正确的方式”推进了工作。你很难教会别人诚信，但诚信真的是无价的品质。接下来，你必须要有一个愿景。你必须知道自己要去哪里、如何到达那里。没有人有周日开车兜风的愿景。愿景需要努力才能实现。同样，教会他人如何努力也很难。用不了多久，大家的业务就会变得一样了。那么，谁能超过其他竞争对手呢？我总是告诉我的团队，再打一个电话，再召开一次会议，再往远处开几英里，或者再乘飞机去见一位客户的孩子，你的付出终会得到回报。带着诚信工作，带着愿景工作，比其他人更加努力地工作，你就会在这项事业中取得成功。

瑞克：除了薪酬和奖金，你还用什么方法来认可和奖励杰出的人？

锡德：我发现杰出的人重视私下交流。是的，有高薪是好事情，但是除此之外还有更重要的。我喜欢面对面地与杰出的人交谈，与他们讨论他们的成功。我发现，一对一的晚餐的效果就很好。他们喜欢这样，喜欢花一段时间和我单独相处，这种场合可能包括他们的配偶，也可能不包括。我会在全公司的会议上，或者在公司内部或外部的刊物上表扬那些不回避聚光灯的人。

瑞克：你发展高净值客户的过程有哪些步骤？你领先的原因是什么？

锡德：这是一个很好的问题，但我没有简单的答案。大多数潜在客户都在寻找不同的东西，所以我无法给你确定的论述。情况不同，我的方法可能也会有所不同，但我知道，最可靠的方法是与他们谈论家庭。这通常是一个很好的起点，因为谈话会告诉你很多对客户个人来说非常重要的事情。此外，话题还允许你用许多不同的方式来引导对话。当他们谈论自己的家庭时，你可以从潜在客户那里了解很多东西，谈话内容可以天马行空。你面对的不是一个人，是整个家庭，这应该发展为你们相互之间的联系。但这个方法唯一的缺点是，如果潜在客户没有家庭，你应该马上过渡到另一个问题。展示你价值的最好时机就是探索会议。记住，不是每个人都认同你的价值主张。你得选择你的客户，因为如果对方不重视你的服务，那么你们将建立一种不稳定的关系。

第十八章
你就是解决方案

许多人在自己能力欠佳的方面自视过高，却低估了自己所拥有的才华。

——马克姆·福布斯

正如马克·吐温所说的：“人生最重要的两天，是你出生那天和你弄清楚自己为什么出生的那天。”为什么我要花一整章来强调顾问就是解决方案本身？因为我们在产品、平台、价格、工具、科技、市场上面花了很多不必要的时间。这些东西不具备差异性，它们很重要，也很基础，但人是和人进行交易的，人们和自己喜欢且信任的人做生意。

我知道对于很多人来说，寻找生活的使命是一段迷茫的旅程，对于那些已经找到完美的工作和拥有热情的人，你可以从他们眼中看出，他们喜欢自己的工作。当客户看到那种热情时，客户就明白了他们为什么做这份工作。由于最终客户认可的是你这个人，那么思考一下怎样才会对工作更有激情以及如何为真实的自己创造品牌就很有帮助。对于一些人来说，“你就是解决方案”是完美的解释，但有些人可能会马上开始摇头。“你就是解决方案”到底是什么意思？从考虑你的品牌开始，当你想到一些知名品牌（如宝马、耐克和苹果）时，我们总能在看到这些公司的广告或者与人谈话的时候想到一些东西，我们都对它们的产品有一定的期望。当我想到丽思·卡尔顿时，我联想到的是经典、专业，以及服务人员和顾客都很友善。当我入住一家酒店时，我期望它能达到或超出我的期望值。对于商场购物，我也是有期望值的。

你的客户在想到你或你的品牌时，脑海中会浮现出什么？会议后第一次与一位潜在客户交流，他会用哪三个词形容你？你确定你对自己的认识和客户或团队对你的认识是一致的吗？无论你怎样评价自己，都后退一步，寻求一下反馈。这样做的目的是让你或者你的公司按照你们希望的样子被看待，你就是解决方案，人们认可你。

你的可爱指数是多少？

从人们开始做生意时起，他们就偏向跟自己喜欢或者有相同价值观的人做生意。现在有太多顾问在跟客户打交道时戴着面具，因为他们疑神疑鬼，不敢以真面目示人，害怕被伤害。容易受到伤害，表明你不是超人，你也会害怕，你也会犯错，这些是向客户展示你谦虚态度的重要部分。为什么这一点那么重要？附加价值的含义是超乎寻常。因为你就是解决方案，你有能力超乎寻常，产品之间本身没有太大的区别。另外，你一旦展现出真实的你，客户就更有可能向你透露其真实的目标和期望。所以，成为解决方案的唯一方法就是展现真实的自己。在有能力和信心的时候，那些成功的顾问会用舒服的方式像展示成功一样表现自己的脆弱。

定制服务很重要

定制服务以及定制解决方案是使大量客户满意的重要方式。尽管通过电话或邮件处理事务很方便,但你需要建立一个更高程度的信任，它建立在你对客户的恐惧、梦想以及他们所期望的遗产的理解的基础上。这种关系只有在你定期与客户面对面地坐下交流的情况下才能发展起来，但这个频率并不是一年一次。

如果你效力于排名世界前 10 且具有很强的品牌影响力的公司，那么你可能有一个初步的竞争优势。花费了上千万美元的市场广告费用，公司的品牌策略创造了信任、专业、团结以及领导力，这帮助它让客户走进来。尽管这些让客户的一只脚迈入了大门，但你的行为和做生意的方式会很快让客户把你和公司形象联系在一起。客户信任你，他们认为你可以在大量的信息和产品中为自己挑选出最优解决方案。在客户眼中，你是他们投资的最终品牌或产品——解决方案。这让你能清晰地表达你是谁、你在做什么以及你有什么不同。我强烈鼓励你和你的团队进行练习，你需要想到那些与你的生意模式相关的问题，但我也可以给你一些示例问题及答案，你可以看到实际操作。（不要走捷径或者照搬我写的，你只有跟团队一起，并在一个合作的环境中找到答案，才能收获好处。）相信你想到的，并带着热情和激情表达出来，最重要的是，要付诸行动。

我们是谁?

我们是一个专业的团队，乐于付出，充满热情，服务于高净值客户和机构。我们团结合作，为客户提供最好的解决方案。

我们做什么?

我们帮助个人通过定制化的财富策略方案达成客户的财务目标。我们秉持平和的心态，深刻理解客户的需求，并且不知疲倦地工作，以超出客户的预期。我们不推销产品。

我们怎么做?

以客户为中心，以解决方案为导向的理念是从深刻理解客户的投资目标、梦想和渴望开始的。我们基于探索会议以及持续的对话，提供定制化方案和服务模式。我们定制的综合财富管理计划指导我们的战略和计划。我们跟踪客户的个人计划，并根据客户生活中的任何变化做出及时调整。

我们为谁服务？

我们的模式、经验以及团队，都聚焦于需要更多定制化及个性化关注的高净值个人及机构。我们与企业家、会计师事务所、高级管理人员（尤其是女性高管）合作。

我们有什么不同?

我们提供一个真正的综合财富管理方案和世界一流的服务。我们关注最小的细节并且热切希望帮助你达成目标。我们团队的方案给你的生活增加深度，拓展宽度，我们在人生路上与你同行。

关于忠诚的6C法则

一项由行业研究员拉斯·艾伦·普林斯和戴维·A. 杰拉乔蒂做的关于1 417名客户的研究表明，财富管理经理可以通过6C法则来建立客户的忠诚度：

1. 品质：诚实对所有客户来讲是最重要的，他们必须相信自己的顾问一直诚实地对待他们。

2. 化学反应：顾问必须与客户同步，顾问与客户需要有相近的价值观，并且能在情感层面上迅速地建立联系。

3. 关心：顾问能真正了解客户的目标。

4. 能力：顾问是一个聪明且受人尊敬的专业人士。

5. 成本效益：通过顾问提供的产品和服务，客户付出的成本获得了真正的价值。

6. 咨询见解：将顾问—客户关系定义为一段持续的合作关系，这也是最重要的因素。高净值客户偏爱一种合作关系，一名顾问可以通过正确的方式将这些客户联系在一起（不只为了他们的钱），通过定制化解决方案和沟通来建立忠诚度，因为忠诚的客户通常对现成的演示不感兴趣。

6C法则可以帮助你塑造、定义和交流你销售的最重要的产品，也就是你自己的特长。建立忠诚度还包括管理客户的期望值。最终，财富管理的过程应该包括向客户承诺一年至少联系客户18次，根据普林斯和杰拉乔蒂的研究，这种频率的联络可以将客户的满意度和忠诚度最大化，也能使客户最愿意接受投入额外的资产，持续地向他人推荐。

第十九章
进入心流

只有审视自己的内心，你的视野才会变得清晰。那些向外看的人，都在做梦；那些向内看的人，才是清醒的。

——卡尔·荣格

要想表现得最佳，你就得定期问问自己，“是我在经营企业，还是企业在经营我？我还能感受到快乐吗？我在接受挑战吗？我是否变得自满了？”顾问经常制订商业计划，概述他们的愿景、总体计划、战略以及吸引客户和资产的策略。但是，更明智的顾问也会为自己制订一个生活计划，其中包括业务对他们个人、社会和精神生活的影响。

询问自己：

- 我在人生中最看重什么？

- 我的驱动力是什么?
- 我在做决定的时候遵循什么原则?
- 在我的人生中，我最终想要实现什么?
- 我的人生使命是什么?
- 我对未来的憧憬是什么?
- 是什么在激励我?
- 我是在按照自己的想法（释放自己，寻求新挑战）生活，还是过着父母想要的生活?

制订一个生活计划将有助于你随时从各个角度观察自己，让你更能根据真正重要的目标来衡量自己的表现。当然，当你没有达到这些目标时，你应该相应地对你的生活进行调整，但是当你达到目标时，你也应该及时奖励自己和家人。

对于你来说，成功是什么?

不要把成功当作目标。你越把它当作目标并瞄准它，你就越容易错过它。成功和幸福一样，都是无法追寻的，我们只能顺其自然。幸福只不过是个人对事业的奉献，或者一个人向其他人屈服的副产品。幸福一定会到来，而成功同样如此：你必须漠不关心，才能让它自然发生。

——维克多·弗兰克尔

对于不同的人来说，成功意味着不同的事情。你可以用财富、业绩、成就或三者的组合来衡量成功。财富不仅仅指金钱，它还是一种心态、一系列想法。当你在家庭、人际关系、健康和工作中保持平衡时，你就已经为财富驱动的表现奠定了最佳基础，有了正确的能量。

如果你能用辩证的眼光看待困难，你就能够更轻松地战胜困难，在长期内获得成功。从业多年的顾问知道这个行业像过山车一般，充斥着上涨，也伴随着很多下跌。多年来，如果你能从错误中吸取教训，那么从业经历会让你变得更聪明，更谦卑。一些顾问会寻求其他顾问、管理者或导师的支持，与他们讨论自己的挑战和人生目标，并以此保持自己整体观点的平衡。

这一切都始于目标。一旦你确定了你的目标，目标将持续地提供能量和动力。一旦目标被确定，你的注意力就会转到自己的心态（你的信念）上，之后转向你的能力（你的专长）上，然后转到执行（你需要坚持的东西）上（见图 19–1）。

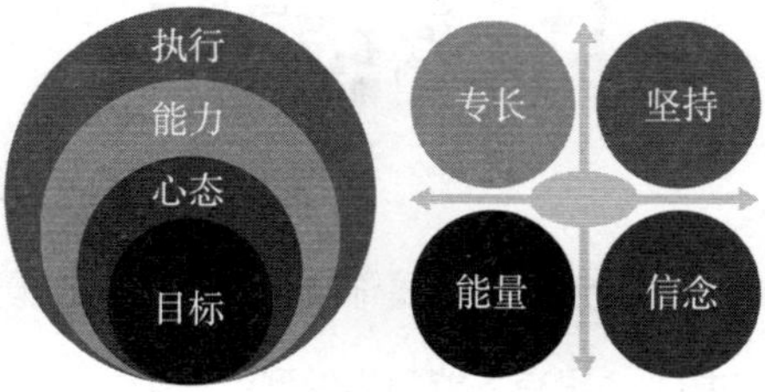

图 19–1　探索你的目标

脚踏实地

记住，正确的就是正确的，不正确的就是不正确的。对于许多成功的顾问来说，这就是改变或围绕着他们生活的准则。换句话说，他们了解自己能控制和不能控制的东西。他们理解因果关系，也理解推动事情发生和允许事情发生的区别。史蒂芬·柯维总结得最好："我不是所在环境的产物。我是自己的决定的产物。"为你不能把控的事情而感到苦恼，既是对精力的浪费，又是对时间的浪费。面对这么多需要处理的信息，无论是作为顾问还是作为客户，我们都需要洞察力，并且知道如何有效地管理自己的时间，避免陷入数据的旋涡（见图 19-2）。

图 19-2　脑力绑架

你唯一能直接且立即控制的人就是你自己。因此，最需要开发、保存和提升的资产就是自己的能力。没有人能为你做到这一点，你必须培养有效控制自己的习惯，这会是你做过的最好的投资。

——史蒂芬·柯维

保持清醒

那些最成功的顾问可以从他们的行为中获得极大的满足感。在某种程度上，这是因为他们经常将自己保持在最佳工作状态，心理学家米哈里·契克森米哈赖把这种状态称为心流。

契克森米哈赖把心流定义为完全沉浸在一个活动中，忘记了时间并收获了极大的满足感。如果你在心流的状态下工作，你就会有一个充满活力的关注点，那是一种想法像潮水般涌出的状态，身处其中，你能体会到全身心投入的感觉，你会感觉自己在最大限度地运用所拥有的技能。显然，此时你能获得极大的满足感。如果致力于找到自己的心流，你就会发现真正让你感受到快乐的是什么，哪些行为能帮助你保持在心流的状态中。

值得注意的是，当遇到的挑战需要很高超的技能才能战胜的时候，心流就会出现（见表 19–1）。

表 19-1　心流的特点

清晰的目标（有清晰的期望和规则，目标与个人能力相匹配，且是可以达成的）。
专心、专注，在有限的领域高度集中精力（执行任务的人将有机会高度关注并进行深入研究）。
一种失去自我意识的感觉。
扭曲的时间意识。一个人对时间的主观感受发生改变。
直接和实时的反馈（任务过程中的成功和失败都是很普遍的，因此个人可以根据需要快速地调整自己的行动）。
在能力水平与挑战之间保持平衡（任务既不太容易也不太困难）。
一种个人对情况或任务的掌控感。
任务本身具有巨大价值，从而让人毫不犹豫地投入其中。
人们深陷到任务之中，意识中的关注点持续缩小，缩小到任务本身：此时行动与意识发生融合。

来源：契克森米哈赖（1975）

互利共生

显然，实现真正的成功需要你在工作和个人生活之间建立一种共生关系。为了事业而忽视个人生活是短视行为。同样地，你应该和你周围的人——那些能直接影响你幸福感的人——分享你的人生规划，让他们了解你的目标。家庭的支持是至关重要的。你所爱的人对你的成功有既得利益。对工作和个人生活之间的平衡心存敬意，你就能在身体、情感和精神层面达到更大程度的和谐，享受更大的满足感和成功感（见图 19–3）。

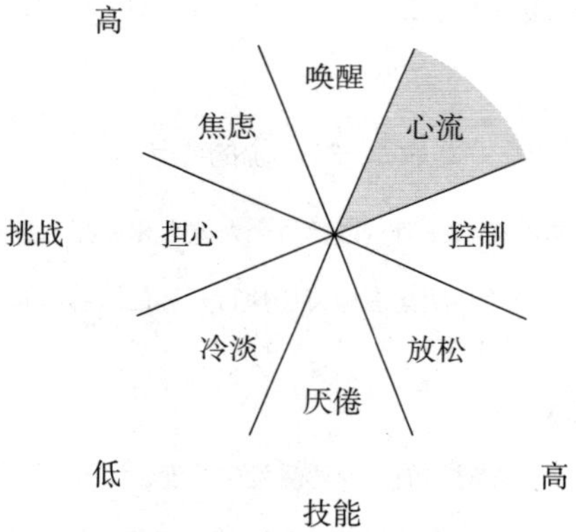

图 19–3　当所有变量达到最高点的时候，最佳状态就会出现

来源：马西米尼 & 卡里；契克森米哈赖（1990）

对新顾问，我有如下建议：

- 从你的愿景开始：你是谁？你希望达成什么目标？
- 对自己和他人诚实。用你的方式生活，不用按照别人的意见生活。
- 注意你的信仰和偏见，它们可能阻碍你前进。

- 找到你作为顾问的天赋，并尽全力做到最好。
- 亲近法则：找到能帮助你并让你从中学习的人。你无法在被错误的人包围的同时，找到正确的目的地。
- 坚持、用心以及正确的态度能给你带来竞争优势。
- 自信地工作，不断培养并提升自己的能力。
- 充满热情和积极性，特别是在失望之后。你要有勇气重新振作起来。
- 建立一个庞大的网络，并把自己定位为给予者，这对你很有好处。
- 要明白，幸福不是建立在财产、权力、声望或名誉的基础上的。
- 为你的成功和你的决定担负全部责任。在你所处的环境中，你的行为会造成、促进和允许事情的发生 。不要成为环境的牺牲品。永远不要容忍恶劣的环境和恃强凌弱的人。
- 原谅自己和他人，接受自己会犯错误这一事实。你需要从中学习并继续前进，不要让自己被过去的事情羁绊。
- 成为一个有效的沟通者，具有高情商。
- 心存感恩，富有同情心，并慷慨大方。这会让你获得更多胜利。
- 保持你的好奇心，每天都有学习的动力。
- 找到合适的导师，好导师会向你提出很多问题。做一个好的聆听者。
- 永远把你的客户的利益放在别人的利益之上，但同时坚决不能让你的正直妥协。

第二十章 再难也要改变

如果外部的变化速度超过了公司内部的变化速度，那么你离终点也就不远了。

——杰克・韦尔奇

我们都知道，如今财富管理行业的变化速度已经超过了多数组织，他们正在努力跟上步伐。在《从优秀到卓越》一书中，作者吉姆・柯林斯曾说过，“优秀是卓越的敌人”。想要改变现状需要超乎想象的勇气和成熟，特别是在现状还很不错的时候。但是，在这个行业，你如果不前进，很快就会发现自己在加速退步。财富管理行业不允许你停下或坐以待毙，金融产品和金融服务的范围一直在扩大，这也意味着跟上科技和产品创新的脚步是十分必要的（见图 20–1）。

从：	转变为：
· 独立理财经理	团队/合伙人
· 专注产品	过程/解决方案驱动
· 均码产品	量身定制
· 销售人员	建立纽带
· 交易型	咨询型/以收费为基础
· 7个系列考试	终身学习/理财规划师
· 混乱的信息	精准的信息
· 介绍并销售	倾听并服务
· 多顾问流程	独家顾问流程

图 20–1　财富管理行业的改变

挑战自满

顾问如果曾经有过比较好的表现，就会对现在的收入感到满意，也就倾向于不再开拓新客户，那么大概 8 年后，他们就会进入工作的瓶颈期。大多数顾问的资产会由平稳增长变成逐年下降，因为他们在感觉很舒服后就会懈怠。克服自满需要你持续地重新定义自己的业务、目标，确定最能让你获利的客户。你也许需要建立一种新的商业模式，改善基础设施，或在你和你的团队缺乏前进动力的领域寻求进阶型的培训。约翰 · 肯尼迪说："如果没有目标和方向，仅有努力和勇气是不够的。"业务平台期竞争的胜利和失败完全取决于你自己的努力程度。再次找到目标，为你朝着正确的方向前进提供了动力。

那些生意兴隆的人从不会变得自满，因为他们每 3 年或 4 年就重塑自己，并且在个人和职业上持续提升，也就是说，他们在不断地学习。他们抓住每一次可以获得优势的机会：阅读、参加研讨会、聘请私人教练，以及跟其他有智慧的专业人士建立联系。这种终身学习的承诺不是兼职活动，也不适合那些怯懦的人，这需要全身心地投入。但从各方面来看，这种投入都有价值，最终会成为成功和失败的分水岭。

设定目标

设定目标是激发我们雄心壮志的核心，无论是在事业、生活还是运动方面。目标应该是具体的、可量化的、可实现的。结果也必须是清晰的、可量化的，并且与我们的目标一致。这些年我学会了调整我的最初目标，因为环境变化了，持续关注大趋势是最重要的。

设定目标一共包括 5 步：

1. 客观地了解你的整体情况，并决定生活中哪些方面是你想改善的。
2. 确定你为什么想要达到这个特定目标，这对你意味着什么？
3. 何时开始？怎样去做？时间表是什么？实现目标的标志是什么？
4. 谁将帮助你一直在正确的道路上前进，并给予支持？
5. 开始行动，在达到目标后记得奖励自己。

设定目标可以帮助我们丈量自己的进步，在正确的道路上实现目标。我们如果没有向目标靠近，就必须重新评估以及改变行动路线，以回归正确的轨道。

中期目标很重要，它可以帮助我们缩小短期目标和长期目标之间的差距。中期目标的设定给你前进的旅途提供了额外的鼓励和动力。为了庆祝所获得的成果，你可以设置一个奖励机制，奖励不需要太大。假如你没有达到目标，也不要惩罚自己。玩这种“成功—失败”的游戏容易让我们看不清自己真正想要做的事情。我们如果采取一个灵活的方法，不按照刻板的方式去达成目标，就可以跨过道路上的坎坷而不感到害怕。你可以重新讨论和思考将如何达成目标，设定清晰的目标、树立信心、勇敢地采取行动，都能帮你克服困难。

战胜恐惧

通过研究成功人士，我们知道，表现优异的人也有很多失败的经历。他们承担有限的风险，改正错误并从中学习，继续前进。这种自信和谦逊的有机结合得益于一种强烈愿景——他们的目标，而失败则被他们视为通向成功的道路上的坎坷。你如果只关心结果，就会一直生活在焦虑中。你如果已经尽力做到最好，就顺其自然。比如，你刚刚跟一位潜在客户结束了第 4 次会面，在等他做是否将账户转移给你的最终决定。那个决定不是你能控制的，而你花在想这件事情上的所有精力都被浪费了。你脑中也许仍在思考不同的策略和方法，但是你也知道，太着急也没用，而且常常会起反作用。

正如塔尼亚·科索斯在她的书《超脱的秘密》中写的：

脱离你想要经历的结果对创造你的理想现实至关重要。依附会让你生活在得不到想要的却又被持续的欲望牵绊的恐惧中。依附于任何事或任何人都会把爱变为恐惧，把信任变为猜疑。

不成功的人不会失败，因为他们从不尝试

很多人从不尝试，因为他们害怕失败，怕自己没有勇气和信心重新开始。相反，那些获得很高成就的人从不担心失败，他们不为“需要被接受”这种意愿所驱使，而是被更大的目标驱动，那就是发挥自己的全部潜力，“为赢而战”，而不像其他人那样“为不输而战”。这有很大不同，且对他们实践的结果影响很大。他们接受可能性，尝试新事物，不断成长。

成功的个人被财富管理行业吸引，因为他们可以用一种灵活的、类似创业的方式工作，还能用对他人的生活做出改变的方式工作。这让他们中的大多数人在积累个人财富和帮助客户积累财富的同时获得了巨大的满足。

科林·鲍威尔曾明确地说过：“成功没有秘诀，它只是准备、努力和从失败中获得教训的结果。”一旦你决定在接下来的几年时间内将你的业务量提升 20%~30%，你就必须多问自己一些更有深度的问题，探究其他人是如何成功的。这个过程会让你从杰出走向卓越，并且不害怕退后一步或者走错一步。几年前，我有机会在美国纽约听到科林·鲍威尔面对一小群领导者的演讲，我向他请教与错误和激励他人有关的问题，他很快回答：“你无法激励他人，只有他们能激励自己。”而关于错误，他说，“在我的工作中，我们总是在不断犯错，但你需要继续前进而不是活在过去。”无疑，这是非常有深度的。

接班计划

坦白地讲，接班计划对于很多顾问来说都是一个挑战，无论你是接线员还是大型注册投资顾问公司的创始人。假如你真的想从杰出走向卓越，你需要考虑的最重要的环节是人力成本。吸引杰出人才的关键不仅能帮你把业务提升到一个新的水平，还能保证你的业务和资产的延续。现在的 30 万名顾问正在慢慢老去,他们的平均年龄是 56 岁。因此，在事业上辛苦拼搏了 25 年后，你如果想在退休后有较多的空闲时间，在退休前就要努力寻找接班人。

我认为这里的最大问题是，多数顾问期望找到最合适的人，并充满激情地投身于他们的事业。他们常常会对寻找合适的顶尖人才需要花费的努力做出错误的判断。经营非常成功的注册投资顾问公司的睿智顾问想找一名继任首席执行官，他们会给他一定的股权。当卸任那天到来时,你必须有勇气放弃控制权,不要害怕聘用那些比你聪明的人。

改变确实很困难，但不改变却是致命的

> 不要用已经取得的成就来衡量自己，而要用以你的能力本该完成的事情。
>
> ——约翰·伍德

对于那些自信的顾问来说，拥抱改变是一次成长的机会。但对于其他人来说，改变也许听上去有点儿吓人，因为他们喜欢待在自己的舒适区，害怕失去。我们在这个行业中总能感到压力和焦虑，现在可

能更甚。我们总是被外界施加压力，不仅要帮助客户达到他们的目标，还要考虑市场波动率、管理变化以及接班人计划，而且这个清单越来越长。如今，一切事物都以闪电般的速度前进，我们常常觉得自己在求生中挣扎。我们基于习惯和信念做的决定，从长远来看可能不是最有利的。换句话说，对于大多数人来说，快乐和选择改变并不是我们的自然状态。

我们必须开辟更好的道路，心怀感恩地生活，拥抱个人成长。我们有幸从事这项事业，就必须承担给客户提供最好的服务的责任。我们有权力选择。拥有增长心态的顾问选择在其生活中创造良性改变。他们选择快乐而不是牺牲。他们致力于培养增长心态，使自己的生活有更多可能性。你只有完全对自己周围的环境负责，才能过上更好的生活。

顾问也许会抗拒新商业模式、新科技、新产品、新服务、新团队形式。但机智的客户会意识到这些进步并跟随趋势，自然地，你也会跟着客户的脚步，但更重要的是，你要赶在客户前意识到这种改变。仅仅意识到新趋势是不够的，俗话说“知识就是力量”，但这句话只有一部分是正确的，把知识变成行动才是真正的力量。

大多数顾问常常在最后一步，也就是行动中栽跟头。正如达尔文所说的，能够生存的不是最聪明或最强壮的物种，而是那些能够适应和进化的物种。我看到很多顾问还在用老一套的技巧工作。

最终，成功的顾问不一定是那些拥有漂亮履历的人，而是那些脚踏实地、真正喜欢与人打交道、能有效地沟通、总是在不断提高自己的人。他们既掌握了工作的精髓，又能坚持不懈地执行任务，还愿意改变。比如，你也许会感到吃惊，有很多管理资产超过 5 亿美元的顾问还会周末来办公室加班，回顾报表，阅读报告，或者计划接下来几周的工作。有一种很荒唐的说法是只有刚入行的时候我们才会做出额外努力，而事实是，精英顾问们很享受他们的工作，所以他们比大多数人更努力。从旁观者的角度看，他们的工作也许很轻松，但你如果花些时间与他们相处，很快就会发现，他们工作的时间更长。他们希望保持增长的势头而不会倒退。

成功的顾问懂得导师的价值。一个真正的导师会给出公正的评价，帮助顾问建立信心，还会帮助顾问推进原有的计划，而不会一味批评顾问。做一个良师益友，或者寻求一个良师益友，永远都不会太晚。（记住，成功的顾问从不停止学习）。

许多公司花费上千万美元来开展学习、发展和高效运营的项目，但在这个充满活力的行业，这些是远远不够的。你个人需要站在影响客户变化的最前沿。学习并不仅仅意味着阅读《华尔街日报》或《巴伦周刊》，它是一个长期的过程。对知识的饥渴、改进的意愿，以及将知识转化为行动的能力一直在驱动你学习。2017 年 1 月 14 日出版的《经济学人》杂志的封面故事就是“终身学习”。

你最近做了些什么？

终身学习是持续的、没有终点的学习。你 10 年前获得的学位——更别提二三十年前获得的了——是不够的。想想你最近都做了什么来改进你的实践经验或者表现。假如你已经身处一个非常高效的团队，那么你们一起做了哪些培训以更好地为客户服务？为了营造一个更好的工作环境，你进行了哪些与科技或社交媒体相关的培训？

许多顶级顾问每年都要花一笔可观的费用来改进他们的业务，从一种形式到另一种形式。最好的学习方法之一是“教”：写一本书、一篇文章，或在社区活动做演说。好奇心驱动着学习和发展，也使你精力充沛、有价值、愿意改变。它强迫你意识到什么是对你最重要的，是家庭还是你的客户。它也帮助你做出一些明智的决定。

这项事业很有趣的一部分原因是持续的重大变化预示着新变革和创新浪潮。为了完全享受这段旅程并站在这些变化的前端，你必须拥抱这个终身学习的过程。

态度决定一切

你无论从事什么行业，都会面临无法阻挡的高潮和低谷。维克多·弗兰克尔是一名大屠杀幸存者，著有经典回忆录《活出生命的意义》，他曾说过，我们需要摒弃自怜的倾向，我们需要一个健康的关注点。为什么有些人应对危机和挫折的能力比别人强？有些人甚至变得更加坚强。我肯定你听说过尼采那句名言：“杀不死我的，会使我更强大。”无论在体育界或企业界，态度和心理韧性往往会因为你为了实现目标所必须经历的耐力和障碍而体现出来，你要在压力下坚持下去，即使精神疲惫，也要付出额外的努力。再次提问：为什么有些人能奋力前进，而有些人却总感觉自己是受害者？

我第一次听到“心理韧性”这个词是在我上高中的时候。那时，这个词对我的全部意义就是在典型的炎热、潮湿、高温又缺水的 8 月度过三节课。近年来，它意味着我既要创建我的咨询团队，又要照顾家庭，并保持专注。心理韧性使我保持积极性，从不丧失好奇心和激情。它促使我不仅探索世界，还探索我自己的潜能。

作为顾问，有时我们由于繁重的工作而偏离自己的职责，因为我们缺乏心理韧性或者正确的态度。我们需要大量的心理韧性去应对变化，在周围的事情不断崩塌的时候，我们也需要极大的勇气去保持专注。维克多·弗兰克尔在他的书中说得好："一个人只要有活下去的理由，就能够承受所有的生存方式。"作为一名大屠杀的幸存者，弗兰克尔非常清楚，即使在最悲惨的环境下，生活也有它的意义。他的经历使他相信人是可以战胜人能想象到的最恶劣的环境的。一个人是表现出勇气和尊严还是屈服于堕落，取决于所做的决定而不是环境。这就是心理韧性。

我们永远不会知道维克多·弗兰克尔经历了什么，但是，我们也会在事业和生活中经历挫折。最终，你会百分之百地对自己的态度负责。不要责怪任何人，也不要被你可能经历的某个难题绑架。过好每一天，并且记住，你的态度最终会取决于你做的决定，即你接受的改变，而不是外部环境。你一旦承认你可以为自己的人生负责，就能够主宰生活，实现飞跃了。

第二十一章
投资管理

随着财富管理的流行，财富管理公司的模式逐渐趋同，他们了解客户的生活目标、负债情况、工作、家庭以及消费方式，以此来增加自身的价值。管理资金只是大框架下的一部分，尽管它是一个非常重要的组成部分。“财富管理”这个词最早在 1933 年被提出，在过去 25 年中开始流行。随着越来越多的公司开始寻求与客户更广泛的联系，财富规划已拥有与投资组合同样重要的地位。从标准定义上来讲，财富管理服务于高净值客户市场，但每个人对财富管理都有自己的定义。财富管理的 4 个阶段分别是：财富累积、财富规划、财富储蓄、财富转移。这些阶段的主要支柱是客户的风险承受能力、时间范围、每类资产的风险收益比、税收收益，以及每个要素是如何与整体规划相匹配的。财富管理与投资管理是不同的，不能混为一谈。

未来，客户对如何投资将有更多选择，包括机器人、机器人辅助、投资顾问以及终身投资顾问团队。

我目睹和感受到了许多市场调整的焦虑。第一次是 1987 年的股市暴跌，接着是 2000 年的科技泡沫破裂，以及 2007 年的次贷危机和 2008—2009 年的金融危机。所有这些危机让我对投资者以及整个行业有了更深入的了解。作为投资行业的初学者，我对投资顾问以及高净值客户对动荡市场的反应最清楚。那么，如何避免这些损失？一些投资顾问通过减持股票来应对这种严峻的市场调整。但是，股票市场过去 200 年的历史告诉我们，与美国股市对赌是一个错误。

从历史的角度看，股票市场在 1928—2016 年上涨了 11.7%，但我们知道股市从来都不是“平均”的。因此，保持购买力是保证生活稳定的关键。在过去 122 年中，股票价值至少下跌 10% 的情况发生了 23 次。了解投资者的风险承受能力是你可以通过定期与投资者沟通来获得的。等到重大调整发生时才知道客户能承受多少风险是一种昂贵的代价，一些客户只能承受大约 20% 的动荡。以史为鉴永远是考虑未来和创造财富的最好方法，当沃伦·巴菲特被问到创造 670 亿美元财富的秘密时，他说“我的财富来自居住在美国、一些幸运的基因和复利”。凭借 35 年的投资经验，我可以告诉你们，复利确实是成功的关键，并且可以使我们避免重大错误。我们从沃伦·巴菲特身上学到的另一堂重要的课就是留在市场，接受市场的起伏跌宕。此外，巴菲特买的不仅仅是股票，还有公司，因为即使你足够聪明，能够在正确的时间离开市场，你也需要知道什么时候返回市场。此外，分散投资永远是你的朋友。

帮助客户增加财富的最佳方法之一就是减少他们周围的噪声。这里的噪声指的是日常接收的过量信息。尽管其中一些信息确实有价值并且与客户有关，但也有许多信息是为了扰乱视听或者制造话题，甚至是转移人们的注意力而出现的，从噪声中过滤有用的信息非常重要。

作为投资顾问，我们应该减轻客户的焦虑，而不应该让一些没有意义的噪声使他们的血压升高。从历史上看，每 4 至 6 年，我们都会经历一个调整幅度大于 20% 的市场调整期。你必须指导你的客户挨过这些动荡时期。

35 年后的今天，我认识到市场不能以任何一种常态来划分。我还意识到，过去 100 年，与其他类型的资产相比，股票带来的回报更高。未来怎么样？没有人知道。但我们知道的是，历史喜欢均值回归。因此，如果一名投资者没有一个 5 年的投资周期，那么他很可能在股市中得不到什么回报。同时，世界正在变得欣欣向荣，我们正在经历一场科技革命，这也会带来增长，为了保护购买力，我们需要股票。对于许多人来说，在构建投资组合的时候，他们选择远离市场，反而会承受更大的风险。太多投资者因为害怕而在最糟糕的时点离开市场。

20 世纪 80 年代，当我刚开始做投资顾问的时候，我有不少客户都是聪明的投资者，他们掌握了许多关于如何构建投资组合的知识。他们明白给市场限定时间是愚蠢的，也知道平均成本法的重要性。这些客户会定期投资高质量的股票，使他们的整体投资组合不断增长。多年来，这些客户逐渐变得富有。我尤其记得一位客户，他是纽约市的一名警察，他妈妈在他 20 多岁时教他如何投资股票，后来随着时间的推移，他通过财产继承和聪明的投资挣了差不多 400 万美元，市场的动荡对他们那一代投资者并没有什么影响。

今天，投资顾问大谈以目标为基础的财富管理，通过基于特定时间范围的目标来调整投资战略。构建成功的投资组合必须基于客户需求和遗产。一种构建组合的方法是基于时间线分段，长期组合是指那些放眼未来 10~15 年的组合，中期组合是 5~10 年，近期组合是 6 个

月 ~2 年。假如你已经在这一行干了几年，数据会告诉你留在市场中的好处。例如，1996—2015 年，如果满仓投资，标准普尔 500 指数的年化回报率是 8.18%。如果其间错过了市场表现最好的 10 天，那么投资者的收益就会降低至 4.49%（年化回报率）。假如投资者错过了市场表现最好的 30 天，那么他的年化回报率就只有 –0.05% 了。你想在市场中择时是不太可能的，这也是为什么分散投资组合可以帮助你留在市场并运行得更平稳一些。

从股票经纪到终身顾问

我们如何从传统的账户经理或股票经纪人转向财务顾问或财富顾问？ 20 世纪 70 年代末至 90 年代，公司生产产品，比如股票、债券、封闭式基金或有限合伙份额，并由股票经纪人把它们出售给其他公司。405 准则要求股票经纪人在提出建议之前，确定投资的适当性。但无论如何，这都是关于销售和赚取佣金的交易，你要做出你认为能使客户利益最大化的投资。如今，金融界正朝着受托人标准迈进，顾问在与客户一起工作时，会怀着一种特别的信任与信心，站在客户的立场上行事，做到对客户绝对忠诚。工作内容包括充分披露财务顾问如何得到报酬以及其他任何利益冲突。不管围绕受托人的标准与规则如何变化，未来都要求顾问完全公开透明，并始终把客户的利益放在首位。

投资、管理他人财富也存在风险。一个人如果没有足够多的技能、知识和能力去了解风险，就无法做到把客户的利益放在首位。客户希望在风险调整后获得最大收益。了解风险的历史对我们很有帮助，但为了能有更深层次的理解，我强烈推荐彼得·L. 伯恩斯坦所著的《与天为敌：风险探索传奇》。我认为，对于从事金融服务业的人来说，这本书是必读物。

对风险的认真研究始于文艺复兴时期（1300—1700 年），那时人们长期信奉的信仰开始受到挑战，新的观点不断被提出。这是一个宗教动荡、资本主义萌芽出现、对科学和未来的研究充满活力的时代。1654 年，一位喜欢赌博又喜爱数学的法国贵族德·梅雷骑士，向著名法国数学家布莱士·帕斯卡发起了一个攻克难题的挑战。他提出的问题是，当一个球员领先的时候，应该如何分配两个球员之间尚未完成的那部分比赛的赌注。自从 100 年前数学家卢卡·帕乔利提出这个问题，这个问题就一直困扰着诸多数学家。帕斯卡求助于律师费马，费马也是一位杰出的数学家。他们通力合作带来了智慧的迸发，从而得出了数学对风险的核心理念——概率论。

概率论使人们可以借助数字来做出决定并预测未来。时间快进到 1952 年，芝加哥大学一名年轻的研究生哈利·马尔科维奇用数学证明了为什么把鸡蛋放在同一个篮子里是一个不可接受的冒险策略。托尼将在与我的对话中讨论哈利·马尔科维奇。

风险一词来源于早期的意大利语单词“risicare”，意思是“敢于”。从这个意义上说，风险是一种选择，而不是命运。我们敢于采取的行动取决于我们做出选择的自由程度。在《与天为敌：风险探索传奇》中，伯恩斯坦指出，那些声称最好的决定基于量化的数字、用过去的模式决定的人，与那些以更主观的信念来决定不确定性的人之间，存在持续的紧张关系。这种矛盾一直没有消除，也一直存在于众人对风险的理解中。

帮助客户了解除投资以外的风险，有助于客户做出更好的选择并制订相应的计划。现在以及未来，顾问是客户一生的顾问，而不仅仅是销售产品的股票经纪人。你需要问自己的最大问题是：最有效和最划算的管理客户投资组合的方法是什么？你的天赋是什么？你擅长选股吗？或者，你是一个伟大的资产配置专家，扮演四分卫的角色，雇用或解雇基金经理？外包投资管理对于大多数顾问来说是经营业务的方式，最重要的是这也是客户的最佳解决方案。

为了了解投资环境的变化，我采访了一位朋友——我以前的同事托尼·达维多。托尼有超过30年的从业经验。开始他在一家家族办公室工作，后来作为资产配置经理在一家大型财富管理公司工作，目前他是施瓦布金融研究中心的资产配置战略专家，一位屡获殊荣的作家，也是行业内论坛的常客。

瑞克：在过去的几十年中，资产配置和投资组合的构建是如何发展的？顾问应该如何建立他们自己的方法？

托尼：为了继续改进他们的做法，满足客户的需求，顾问需要特别注意以下三个宏观趋势：(1)顾问需要理解和接受非传统投资工具的作用和使用方法；(2)顾问需要同时运用主动和被动型投资工具；(3)顾问需要使用某些前瞻性的战术配置方案。

今天的资产配置需要我们跳出以往的60/40投资组合框架（60%标准普尔500指数和40%的巴克莱综合债券指数）。过去只使用基础性股票、债券和现金组合就足够了，股票提供增长性，债券提供收入，现金提供稳定性。然而，当前市场已经对60/40组合提出了严峻挑战。现在债券收益率一般都处于较低水平，而股票的收益率也可能低于历史水平。

1952年，马尔科维奇首次引入了多元化的概念，后来这成为现代投资组合理论（MPT）的基础。马尔科维奇的研究表明投资者可以通过包括相互关联性低的投资类别来降低投资组合的整体风险。他曾称这是“金融业中唯一的免费午餐”，换句话说，多样化可以在不增加成本的情况下带来收益。

马尔科维奇的研究集中在一组股票的多元化上。我们现在生活在全球化经济中，企业可以在世界各地推销自己的商品和服务。世界更复杂，但幸运的是，我们有更有效的途径接触市场。

为了充分利用多元化优势，如今的顾问需要扩大资产类别的数量，并吸纳某些非传统投资工具。股票配置应包括国内大市值和小市值的公司，以及国际和新兴市场。债券应在股债、公司债、高收益债、国际和新兴市场债等方面做多元化投资。此外，投资于大宗商品、房地产和另类资产也可以实现更广泛的多元化。

瑞克：随着资产类别的不断扩大，对于客户和顾问来说，这似乎是令人畏惧的。你认为顾问应该如何解释这些投资所具有的优点?

托尼：你说得对。投资者常常会被未知的事物吓倒，所以我们建议改变顾问引入新投资的方法。你可以把一个投资组合看作一张拼图。孤立地观察每个组件可能会让人感到困惑，但是当把它们放在一起的时候，你就能看到整体情况了（见表21-1）。

投资者了解自己的目标和结果。如果我们将讨论内容集中在结果上，投资者就能更容易地理解每种投资在组合投资中所起的作用。增长主要来自股票——美国的大盘股、小盘股、国际和新兴市场的股票。增长和收入来自国内外股票的分红，再加上一些有限合伙份额（MLP）和房地产投资信托基金（REITs）。收入主要来自固定收益的国债、公司债、高收益债券。

某些投资，比如通货膨胀保值债券（TIPS）、房地产投资信托基金和一些大宗商品，已经能有效地对冲通货膨胀的影响。现金、黄金和国债则可以充当防御性资产。这种方法不仅让客户更容易理解，而且有助于管理客户的预期收益。

表21-1　投资组合拼图

成长	美国大公司股票	美国小公司股票	发达国家大公司股票	发达国家小公司股票	新兴国家市场股票	多头/空头股票	
成长&收入	美国大公司股票（高分红）	发达国家大公司股票（高分红）	有限合伙基金	美国&国际房地产投资信托基金	可转债套利		
收入	美国投资级公司债	美国高收益债	美国证券化债券	国际新兴市场债券	优先股	贷款&其他浮动利息票据	多头/空头贷款
通货膨胀	美国通胀保值债券（TIPS）	美国房地产投资信托基金	国际房地产投资信托基金	能源	工业金属	农产品	
防御性资产	现金	国债	黄金或者其他贵金属	发达国家国债	美国政府相关债券	管理期货	

瑞克：多年来我一直听到关于主动投资管理与被动投资管理的争论，你认为二者都起作用。能进一步解释一下你的观点吗？我知道你对 Smart Beta（聪明的贝塔）策略做了大量研究，它们应该属于主动投资还是被动投资？

托尼：多年来，学术界和顾问一直在争论主动投资管理和被动投资管理策略的优缺点。主动投资管理一般指共同基金或单独管理账户（SMA）。被动投资管理一般以基于指数的共同基金或交易所交易基金（ETF）为产品形式。

批评主动投资管理的人认为，主动投资管理难以战胜被动投资管理的业绩基准。主动投资管理的投资经理经常无法做到运用技巧选出赢家，避免出现输家。

在2008年的金融危机中，顾问经常遭遇挑战，询问他们能否证明主动投资管理的价值。之后，指数投资发生爆炸式传播。在2008年经济低迷时期，大多数主动投资管理账户都无法超越基准线。如今，全球ETF资产管理公司规模超过3万亿美元，并能为每个细分市场提供相应的风险敞口。大多数主要的指数以及大部分ETF，都是以市值为导向的，这意味着它们给最大的公司赋予了最高的权重，而忽略了公司本身的财务实力。可能有人会说，市值指数“高估了高估值的股票，低估了低估值的股票”。

第一代指数产品集中在以低成本的方式复制一个特定的基准，所以也被称为“廉价的贝塔”。第二代指数产品则致力于改善市场的体验，提升回报潜力，降低风险，这些策略通常被称为“智能贝塔”或“战略贝塔”。智能贝塔策略主要依赖于学术研究的成果，表明通过打破原有与股票价格的联系（即对市值大小的依赖），可以改善产品表现。例如，基本面指数策略在销售量、现金流和“股利＋回购”等因子上筛选并对证券进行加权。

智能贝塔策略采用不同的加权方法，并定期对指标权重进行再平衡。一些比较大众化的智能贝塔策略采用等权重、动量、低波动、盈利质量和基本面等指数策略。虽然它们通常被组合在一起使用，但它们在筛选和加权证券方式，以及相应的结果方面有很大不同。这些策略既是对市值指数的补充，又是对主动投资管理的补充。

我们的研究表明，许多这样的策略在历史上相对于市值法这一策略都具有超额收益。某些市场环境可能更适应某种策略。2015年，动量交易策略是最好的智能贝塔策略，因为当时市场是由FANG股票（脸书、亚马逊、耐飞和谷歌）主导的。2016年，当市场聚焦于估值时，基本面分析法是表现最好的策略。基于完善的研究和对这些策略的生动的体验，我们倾向于基本面指数策略。

瑞克：你建议顾问如何组合这些类型的策略?

托尼：我们认为，你需要首先明确这些策略在投资组合中的作用。在构建投资组合的时候，我们应该将重点放在跟踪误差、损失厌恶水平、阿尔法和成本这四个关键要素上，然后考虑如何在细分市场中组合我们的策略。市值策略很少或基本没有跟踪误差，通常提供的是低成本的解决方案。基本面指数策略在历史上能从细分市场中提供阿尔法，并且通常比主动投资管理更具成本优势。主动投资管理最有能力处理投资者对损失的担忧，因为它们可以发挥防御作用。尽管并非所有主动投资管理都能做到这一点，但其中许多主动投资管理确实可以提供更好的下行保护。

在最有效的市场（国内大市值）中，我们可以把50%的资金分配在基本面指数上，把30%的资金分配到市值策略上，把20%的资金分配到主动投资管理账户中。我们没有看到主动投资管理胜过被动投资。在效率最低的市场（新兴市场），我们会把50%的资金分配到主动投资管理账户中，把30%的资金分配到基本面指数上，还有20%的资金，我们会分配到市值策略上（见表21-2）。这里，我们认为应该有人具备识别强大公司的能力，避免投资到薄弱公司的股票上。

表21-2 各种策略在投资组合中的应用

	国内大市值	国内小市值	国际大市值	国际小市值	新兴市场
市值策略	30%	25%	20%	20%	20%
基本面策略	30%	50%	30%	30%	30%
主动管理策略	30%	25%	50%	50%	50%

瑞克：随着市场的不断变化，顾问应该如何应对？他们是应该试着赶上市场还是应该经历风暴？

托尼：近年来，已经发生了许多造成市场混乱的事件，比如希腊债务违约、美国央行的干预、中国经济增速放缓和英国脱欧等。这些事件要求投资者更加了解如何应对这些挑战。有时最好的建议是什么都不做，但有时我们应该谨慎地对投资组合做一些微小的改变。我们相信在资产配置方面应该坚持策略。我们不建议市场满仓或空仓，而是建议在边际上对投资组合做出微小的、有益的改变。你可能想超配之前低配的某细分市场，或者因为某些资产变得昂贵而降低其权重。你应该在极端波动的时候远离市场，或在面对一个有趣的投资机会时在战术上进行超配。

顾问更加灵敏、灵活可以帮助他们在或好或坏的环境中维护客户关系。这也是展示顾问的洞察力和眼界的机会。

瑞克：在自动化投资建议（也被称为“机器人顾问”）快速发展的今天，顾问的洞察力能展示个人关系的价值，以及对瞬息万变环境的实时反应能力吗？

托尼：自动化建议不应该被视为威胁，而应作为一种有效的手段来扩展你的业务。企业应该接纳新技术，或者想象如何最好地利用它，否则会面临淘汰的风险。新技术可以帮助你扩展业务，并帮助你接触到新一代投资者——他们几乎认为所有事情都依赖于新技术解决方案。

新技术和个人接触的结合将与客户产生共鸣。成功的顾问会改进他们的商业模式，并积极地拥抱改变。虽然某些事情可以实现自动化，但个性化的建议永远不会被商品化。当然，你需要考虑的是如何在拓展业务的同时，保持与客户良好的个人关系。

不要置疑投资大师

成功的顾问，即那些具有增长心态的领导者，不会让任何事情变得过于复杂。他们运用相同的基本准则来制订自己的实操方案，并管理其客户的资产。一个核心原则是“不要失败”，因为一旦下降了50%，你就需要上涨100%才能弥补损失的50%。换言之，控制下行风险，因为弥补巨大损失是非常困难的。另外，税收效益会起作用。在不同资产类别之间、同一资产类别之内做到分散投资，用美元计算你的平均成本。约翰·邓普顿和沃伦·巴菲特在他们的职业生涯中，总结了一系列非常简单的成功投资的准则。为什么我们要让事情变得比两个最伟大的投资者总结的准则更复杂?

投资成功的简单规则

- 为了最大化总实际回报率而投资。
- 投资，不要交易或投机。
- 对投资方式持灵活和开放的态度。
- 多样化。不论在股票和债券中，还是在其他资产中，很多资产都是安全的。
- 倾听市场预测就是浪费时间。
- 不要惊慌。
- 从失败中吸取教训。
- 战胜市场是一项艰巨的任务。
- 那些声称拥有所有答案的投资者，甚至一点儿也不理解自己所面对的问题。

财富管理要以客户的总体财务情况为基础。它不仅是管理投资的过程，还要遵循以下 8 个步骤。它可以帮助客户获得更好的体验，提高实现目标的概率。

1. 帮助客户了解什么是全面的财富管理，而不仅仅是投资管理。（但是，你如果不提供财富管理服务，就要诚实地告诉客户，让他们知道你只专注于投资管理。）
2. 帮助他们理解为什么团队协作对实现目标很重要。
3. 帮助他们了解投资过程和财务规划过程。
4. 帮助他们进行个人财产规划和遗产规划。
5. 帮助他们管理债务和现金流，培养做预算和储蓄的良好习惯。
6. 帮助他们实现退休计划，满足他们对生命保险、健康和长期关照的需求。
7. 帮助他们管理税务负担。
8. 帮助他们制订继任者计划（如有需求）。

你的团队应该有一个四分卫，即财富顾问或财务顾问，同时还要有一个负责策划的顾问、一个信托顾问、一个遗产规划律师、一个税务顾问、一个财会人员或注册会计师，以及一个保险专家。

就投资顾问而言，客户需要你提供价值，以下 8 个步骤可以为客户提供真正的价值：

1. 帮助客户明确他们的短期目标和长期目标。
2. 帮助他们完全理解你的流程和投资哲学。

3. 帮助他们进行资产配置，并在不同资产类别间进行多元化配置。

4. 帮助他们计算美元计价的平均成本。

5. 帮助他们做好再平衡。

6. 对他们进行行为指导，帮助他们消除坏情绪。

7. 帮助他们提高税收效率。

8. 帮助他们监控整体计划的执行，并在必要的时候做出改变。

根据我在华尔街近 50 年的经历，我发现自己对股票市场的所作所为越来越不了解了，但我对投资者应该做什么却越来越了解了。

——本杰明·格雷厄姆

本章小结

自信地朝着你的梦想前进，过上你梦想的生活。

——亨利·戴维·梭罗

你既可以选择是否持有增长心态，又可以自主选择让财富管理业务增长的方式。

你可以决定下一个目标是什么。你如果觉得自己已经达成了所有目标，可以站在山顶挥舞双手，就应该另找一座新的高峰来攀登，发现或攀上一个新高度。你可以建立一些东西，留下自己的遗产，做一名导师或改变人们的生活，并通过把下一代人带入这项美好的事业来延续它。行业领导者最大的动力就是新挑战。新挑战可能是写一篇文章或一本书，可能会给你带来新的合作伙伴。

最近，我拜访了77岁的木工大师哈利。木工是我的爱好之一，所以我把他当作我的导师（事实上，他是一位杰出的导师）。哈利正在设计一种非常精细和美观的喂鸟器，并对如何处理各处细节，使整个设备和他设想的一样很着迷。这个过程比他预想的更有挑战性。哈利没有寻求简单的解决办法，而是不断地挑战自己。在试图应对这些挑战的过程中，他收获了很多快乐。我能从他的眼睛里看到喜悦。如果你真的具备增长心态，那么新的挑战就会激励你。

在生活中制造激情是关键。让自己充分接受各种可能性，正是终极增长心态。亚里士多德说过："重要的是旅程，而不是目的地。"无论是在专业方面还是个人方面，你都要不断地创造新目标和新挑战，并且必须为之付出努力。职业挑战应该服务于你的生活，就像生活挑战应该影响你的职业生涯一样。

最重要的是，你无论年龄多大，都不要停止学习和成长。你即使攀登到第一座山峰的顶峰，也应该继续前进，享受旅途。做一个给予者，而不是一个接受者。你要积极地向别人学习，每个人都有值得你学习的地方。做业务上的学生，永远把客户的利益放在第一位。

财富管理中最成功的那些顾问所拥有的品质其实非常简单：

- 知道你是谁，知道你想成为什么样的人。
- 了解你的业务内容、目标市场和业务模式。
- 基于客户目标提供卓越的服务和表现。

- 了解客户的真实价值。
- 知道你向客户销售的是解决方案。
- 瞄准最佳的业绩表现，并知道怎样进入该区域。
- 懂得如何从优秀到卓越。自满是你的敌人。“还不错”是“卓越”的敌人。
- 能将知识和信息转化为建议和增长。
- 作为终身学习者，不断成长，不断进步。
- 成为一个有效的合作者和沟通者。
- 能为这项业务进行投资。
- 不要试图为所有人做所有事。

对于我来说，成功的秘诀很简单。更重要的是，它很清晰，并且已经经受住了时间的考验。这不是创新的想法、出众的天赋或非凡的纪律，而是选择正确的业务、拥有合适的导师、有一些好运气，最重要的是坚持不懈。放弃不是我们的选项，运动帮我创造了一种信念，即坚持是我的主要优势。我回过头来看，每当我被击倒的时候，不放弃就是我的答案。这就是这个行业的美妙之处。如果坚持不懈，你就可以为自己和客户创造尽可能大的成功。

奥运会上重要的不是胜利，而是参与。人生中重要的不是凯旋，而是奋斗。

——顾拜旦

第三部分

客户真正需要什么？

高净值客户什么都想要，包括卓越的服务、有价值的建议、业绩表现以及完全公开透明。他们希望以合理的价格得到贵宾般的服务。他们希望你能提供帮助他们实现目标和梦想的一体化建议。因此，财富管理是一场事先就明确目的地的旅程。旅程中最重要的部分是弄清你的目标在哪里，你将如何到达那里。这不仅仅是你账户的数字应该是多少的问题。正如我之前说的，财富管理和金融投资不是一回事。资产越多，规划就越复杂。因此，业务的关键是有一个专业团队围绕在客户的身边。在美国，大部分高净值客户的年龄超过 55 岁。他们超过 90% 的财富不是通过继承得来的，而是通过自己的努力积累起来的。事实上，美国退休人员协会统计，86% 的高净值客户每周工作超过 50 小时，而且他们把大约 40% 的收入存起来。他们没有在精神上和经济上做好退休的准备，他们不喜欢销售人员，不喜欢过度的税收，不喜欢浪费时间。他们想要的就是时间。平均来看，他们每年休假 6 次，但旅行并不奢侈，有 77% 的人只坐经济舱。此外，他们在孩子的教育上开销很大。健康也很重要，所以他们花钱找最好的医生，购买优质的医疗保险，享用新鲜、优质的食品，并坚持健身。所以，尽管他们在某些方面与他人不同，但他们中的多数人和其他人一样。如果你问他们是如何变得富有的，他们会告诉你，自己是通过辛勤的工作、教育、精明的投资、节俭，并勇敢承担风险而得到财富的。过去，我们经历了很多动荡的时期，我相信未来我们还会面临更多挑战。因此，顾问能够更好地深入了解客户，让客户有更好的机会实现他们的目标。帮助客户确定他们是否真的需要 100 万美元或 1 000 万美元来享受舒适的退休生活，只是财富管理的一小部分。新技术可以很快地计算出这些数据，并不需要我们人工计算。此外，新技术将改变退休模式，因为新设备为远程工作提供了可能，让客户与亲朋好友保持更便捷的联系；而且人们会更加长寿，他们的退休生活会变得更长。技术将给退休人员带来更多选择和更多可能性。

然而，从一个深刻的洞见开始，帮助客户找到合适的生活计划，是让顾问走上正确道路的绝佳方法。人类最大的需求之一就是被理解。因为我们生活在一个快节奏的环境中，我们需要一个成熟的顾问，提出最佳建议。因此，客户需要智慧、观点和有价值的建议，而不仅仅是给他们提供更多的信息。这意味着你首先要弄清楚客户真正想从你们的关系中得到什么价值。你需要帮助他们找到正确的生活模式，而你的客户可能并不知道自己看重什么，所以你可能需要帮助他们确定什么才是真正重要的。你一旦知道他们看重的东西，就需要立即执行。你如果无法创造价值，就证明之前的客户印象有错，你应该推倒重来。一般来说，客户想要的是平和的心态，这对于不同的人来说意义不同。你的客户的年龄不同，相似的内容对客户的重要程度自然也就不一样。

作为顾问，你有责任和力量去影响人们的生活。你是生活的导师。投资的资产配置是一个很大的难题。研究告诉我们，当涉及费用、风险和冲突时，客户希望基于他们的风险承受能力，得到优质的、完全透明的服务，以获得稳定的投资回报。简而言之，他们需要可信的建议。新的监管规定要求我们有更高的透明度。帮助人们在 30 多岁或 40 多岁开始筹划成功的退休计划，知道自己需要多少财富才是“足够”的，这是整个咨询过程的一部分。正如温斯顿·丘吉尔所说的：“回首越深邃，前瞻越智慧。”我知道只有很少一部分人能以自己想要的方式退休。那些能做到这一点的人，有自己的计划，有一些好运气，还有对人生新篇章的目标。客户也需要有增长心态，因此，最终客户需要的是毫不掩饰的夸奖。他们想要能够领先于他人的财富管理解决方案，所以你每天都要超出客户的期望。

第二十二章 你的财富数字是多少？

道常无为，而无不为。

——老子

每个人心中都有一个数字，这个数字对于许多人（包括顾问在内）来讲，代表他们维持个人生活平衡的能力（这里，我指的是客户的数字）。那么，你的财富数字是多少？华尔街花了上千万美元帮他们的客户回答这个问题。开展退休规划业务的金融科技公司可以开发一个程序以提醒客户需要赚多少钱才能退休，或者他们还差多少钱。所有这些金融工具都很棒，但计划是不变的，生活是变化的。生活充满偶然性，外在环境也不断变化，正确的计划需要顾问做指引来制订，并且客户要百分之百地配合。

回答“你的财富数字是多少”这一问题最好的答案是，回顾那些伟大的思想家，如柏拉图、亚里士多德、塞涅卡的思想。有些顾问说第一步是金融规划，但其实这是第二步。第一步是遵循这个简单的公式：想 + 做 = 实现。我在 1989 年第一次听到这个公式，当时我正参加一个为期两天的关于发展业务的研讨会。作为一个初出茅庐的年轻顾问，我把鲍勃·邓伍迪所说的每一句话都记下来了。这次的研讨会是我一生中参加的最具影响力的会议。我和鲍勃成了朋友，随后他继续指导我。关于这个公式，你首先回答以下问题：你想要成为什么样的人？换句话说，你的愿景是什么？你是谁？你的目标是什么？一旦知道了这些问题的答案，你就可以开始做那些能让你实现目标的活动了。

什么才能让自己感到富有？到目前为止，大多数人认为 500 万美元是一个必要条件（见图 22-1），有了这些资金，他们才会真正地感受到自己是富有的。

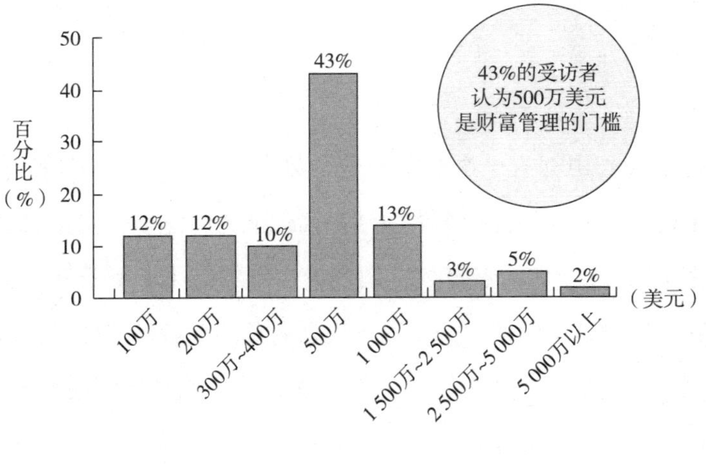

图 22-1　财富管理的起点

来源：《巴伦周刊》

你仔细想想就会发现其背后的意义。在人们达到目标之前，他们必须创造一个愿景。所以，如果你是一名想让自己的收入翻番的顾问，那么你首先要从现在开始，把成为 200 万美元的制造者作为目标，之后按照策略行动，尝试去做一个 200 万美元的制造者。然后你就会获得你正在追求的成功。对于客户来说，用数字帮助他们意味着顾问可以帮助客户了解财务目标（“想”），以及他们今天需要做哪些调整（“做”），才能实现他们的目标（“实现”）。这个简单的哲学问题已经有 2 300 多年的历史了。苏格拉底曾说：“有所行动才能有所实现。”柏拉图说：“有所实现才能有所行动。”笛卡儿说：“我思故我在。”每一位伟大的哲学家都得出了相同的结论。当我们思考财富管理行业时，我们主要考虑的是未来，但我建议回顾过去。归根结底，这是基于知道他们是谁（“想”）来确定数字的大小的。每件事都是从愿景开始的。

不同的人对舒适一词的定义不同。这就是为什么不同的人需要的数字也大不相同。人们的需求永远都不会完全一样。在顾问营造的适当平衡的沟通中，数字是非常重要的信息。比如，一个客户距离退休时的目标数字还有 200 万美元的缺口。在此情况下，只关注这个数字缺口的顾问会给客户带来更多焦虑。他们可能会建议客户延长工作年限，储蓄更多财产，或者在市场上变得更大胆、更积极。但是，我们如果真的想做到整体考虑，就必须看到资产负债表的另一面。你真的需要这么大的房子吗？你需要住在现在住的小区吗？你真的需要三辆车吗？你需要第二套房子吗？顾问需要帮助客户理解这些规划的真正意图。谈话不应该以实际的数字为中心，而应该帮助客户发现对于他们来说真正重要的东西，从而帮助他们找到未来的意义和目的。帮助客户抵达生活中能带来快乐的核心区域，将让你从诸多顾问中脱颖而出。

对于一些人来说，舒适的退休生活意味着能够定期环游世界；对于一些人来说，舒适意味着能够坐头等舱去旅行，并住在最好的度假别墅中；对于一些人来说，舒适意味着他们可以奢侈地用自己的私人飞机完成旅行。对于另外一些人来说，舒适代表着有 10 万美元的现金流，这个数字也可能是 100 万。正如我所说的，根据《巴伦周刊》的说法，500 万美元是可以让 43% 的高净值人士感到富有的数字。但对于其他人来说，也许 200 万美元就很好了，但也有人认为，2 500 万美元还不够。许多高净值人士很早就已经自觉地退休了，这让他们有更长的时间自由生活，享受自己的旅行。

对于大多数高净值人士来说，一个值得信赖的顾问是无价之宝。你如果是一名高净值客户，且有一位值得信赖的顾问，就不要让你的顾问离开，因为他将为你提供内心的平静。你如果不确定他是否值得信赖，就可能想找其他人。作为一名客户，面对影响未来的事情，你永远不应该安于现状。你应该寻找适合你和家人的、能看清你整体财务状况的人。你值得信赖的顾问应该以相互协作的方式与你合作，而不是简单地告诉你你需要的东西。毕竟，你才是领导者，顾问的工作就是控制局面、指导你、帮助你到达目的地。

高净值客户希望拥有：

- 透明的收费
- 基于投资业绩、基于实现他们目标的良好投资建议
- 对要点和需求（风险）的了解
- 与服务有关的能迅速有效地解决相关问题的方案

不管客户的数量有多少，顶级顾问都将帮助高净值客户专注于 4

个最重要的领域，并克服这些领域带来的挑战。这 4 个领域分别是：市场波动、消费行为、税收和通货膨胀、寿命长短。

市场波动

为什么市场波动如此重要？一般来说，人们在面对涉及自己金钱的话题时都非常情绪化。一个客户对市场的看法会影响其投资方式，以及对市场周期的反应。波动可能是令人心碎的，在过去的 34 年里，我已经看到了很多次市场波动。但更重要的是，我也看到了客户和顾问在风暴中的反应。帮助客户应对这种波动有两种方式：一是不选择跳出市场寻求庇护，而选择在暴风雨中前行，就像一些人在 2007—2008 年的金融危机中那样——标准普尔 500 指数下跌了约 50%；二是为了保持投资组合的购买力，仍然适当保持股票资产仓位。多产且备受推崇的沃顿商学院教授杰里米·西格尔一直是一个多元化的倡导者。我在很多场合听过他的演讲。他对市场抱有强烈的热情，他的信心也非常足。他的著名作品《股市长线法宝》出版于 1994 年，2014 年已经发行到第 5 版。在这本书中，通过列举长达两个多世纪的数据，他指出与美国国债收益率 3.6% 或黄金 0.6% 的回报率相比，通货膨胀调整后股票的实际回报率为 6.7%。200 多年的股票市场波动和泡沫破裂事件告诉我们，对于真正的价值投资者来说，投资于多样化的股票投资组合对于他们来说仍然是很好的选择。2008 年发生的金融危机似乎是突如其来的，而历史已经向我们展示了非理性繁荣会导致什么。现在的互联网可以让每个人都非常方便地买卖股票，尽管他们中的许多人缺乏合理的知识和专长。通过智能手机，你可以在几秒内完成一笔交易，但是投资是一个严肃的、长期的、需要严格纪律的过程。投资不是预测、娱乐或者赌博，这就是为什么一个值得信赖的顾问可以让结果不同，并能为每段关系的建立与维护提供定制化的路线图。

消费行为

老实说，我们中的很多人都是物质主义者，只是每个人的程度不同。但是看看你的衣柜，真正用得上的衣服的比例占多少。从定义上来说，这意味着我们过度关注身体上的舒适或者财富和物质的获取，忽略了精神、智力或文化价值观。过去，我只看到书中把财富作为快乐的核心。但现在，我看到书、信息和公文更加注重灵活性、节俭、生活平衡和物质的丰富。我希望这种现象意味着越来越多的年轻人能有更多平衡的视角。但是，大家仍然被我们不需要的东西吸引。我们都知道自己拥有很多东西。根据《洛杉矶时报》的相关统计，平均每个美国家庭有 30 万件东西。这个数字很难让人相信，但即使是 30 万的 1/4，也相当多了。英国《每日电讯报》报道，英国的一项研究发现，平均每个 10 岁的孩子拥有 238 个玩具，但他们每天只能玩其中的 12 个。客户总是告诉我们他们想要简单的生活，他们想要有条理的生活，他们想要更多的空闲时间。事实上，帮助他们达到更满意的状态是我们可以提供的价值。因为最后，人们积累了多少财富并不重要，他们如果没有一个周密的计划来确定合理的预算，就会发现自己在退休时会生活得很艰难。管理现金流应该和管理投资组合一样重要。一个值得信赖的顾问应该帮助客户做出更好的决定。把你的价值观、使命和目标与你正在使用的净资产做合适的匹配。你要帮助你的客户找到正确的平衡点。

一般来说，消费最多的阶段是刚退休的那几年，即 60~70 岁。这是可以理解的，因为那时退休人员最活跃。一个好的顾问要想帮助刚退休的人做好消费管理，需要深入了解客户的心理，了解什么对于他们来说是重要的，什么可以给他们带来快乐和满足，以及什么需要从他们的生活中剔除出去。帮助人们把真正能带给他们满足感的关键点联系起来，或者帮助他们探索一种新的生活爱好，比仅仅试图弄清楚如何在投资组合上再多获得一点儿收益更有价值。

税收和通货膨胀

这里，在低利率环境下保持购买力是讨论的核心。随着人们寿命的延长，你的客户可以轻松地享受 30 年或 40 年的退休生活，因此，这些资产需要为客户服务，帮助他们维持生活。对于很多人来说，除了健康问题外，花光积蓄是他们最大的恐惧。一旦退休了，你的客户就必须重新审视投资组合。许多人在股票市场中的敞口不足。持有债券或其他固定收益资产是一个共性的错误，因为在考虑通货膨胀和税收因素之后，你的客户很可能每年都在赔钱。你要让复利的力量为你的客户服务。

在税收方面，要充分利用客户提供的所有退休计划，最大限度地提高客户的福利。客户可能会考虑将资产转移到一个有税收优惠政策的国家，选择另类投资，或者寻求有效的、有投资和税收优势的账户。为富有的客户制订遗产规划是必要的环节，因为这样才能构建起法律保障，使他们的继承人享有最有效的福利。

寿命长短

美国人的平均寿命是78.7岁。一个健康长寿的人需要韧性、积极的心态、情绪管理、健康的身体和一份对未来的计划。根据客户的目标，你要帮助他们制订并有效地实施资产保护方案。你可以利用保险帮助客户减少灾难性损失，如人寿保险、残疾保险和长期看护。客户如果是企业家，就为他们制订一个企业继任者计划。毕竟，安全才是财富管理的基石。

一个紧密的客户—顾问关系，需要一个包含个性化解决方案的咨询过程。下面的内容可以作为给试图建立信任和透明度的顾问和客户双方的提醒。

每一个潜在客户都应该向顾问提出以下问题：

- 你处理过的与我有相似经历的客户有哪些？
- 你的服务模式是什么样的？我可以对你和你的团队提出哪些要求？
- 这些服务怎么收费？
- 我能看一下财务计划吗？
- 你从事哪些专项服务？
- 你的投资过程和理念是什么？哪些内容能让客户有独特的体验？
- 你会勤勉尽责地行事吗？
- 我还应该问哪些之前没问到的问题？

因为你的客户或潜在客户很可能不会读到本书，我建议你主动为客户回答这些问题。作为一个卓有成效的顾问，你必须了解财富对客户的意义。财富对于我来说是自主管理的时间和有意义的人际关系，是一种自由；更重要的是，它并不是用金钱来衡量的。30 年来，我一直为高净值客户服务，也从中学到了很多关于金钱、生活、成功和成就的知识。这些人为他们的工作做出了很大牺牲。但令人遗憾的是，很多人仍觉得他们没有得到足够的财富。这就像你喝的海水越多，就越口渴一样。

一个自信和能干的顾问可以帮助一个家庭处理他们与财富之间的关系，帮助他们确定多少钱是足够的，能让过上想要的生活，并留下一份对于自己来说意义重大的遗产。正如沃伦·巴菲特所说的："不知道自己在做什么才是风险。"

下一代投资者将会有一个更舒适的退休目标，但他们与公司、顾问的联系和沟通方式可能有所不同。在 2008 年金融危机之后，X 一代和 Y 一代变得更加愤世嫉俗和互不信任。他们仍然重视自己与一个值得信赖的顾问之间的关系，但他们需要完全透明，并且更需要在这段关系中看到顾问能提供的价值。

退休的意义对于我、父母、孩子或过去的几代人来说都有很大不同。贝恩全球财富管理集团公开了对 20 家公司的 100 多名高管的采访与分析。他们所在的公司的资产约占全球管理资产总额的 10%。这也证实了一个我们面临的可怕挑战：虽然客户比以往更倾向于寻求专业的财富管理顾问，但他们现在不像以往那样信任顾问，对顾问更容易产生怀疑。

这就提高了建立持久可靠的客户关系的要求。卓越的客户体验造就了高水平的客户忠诚度，这对于提高盈利能力来说至关重要。贝恩的研究表明，忠诚的客户会给他们的金融服务商带来更多业务，会把这些服务商推荐给朋友和同事，因此这些金融服务商的服务成本更低。

帮助客户达到目标数字不仅是简单地建议他们做投资管理，还需要帮助客户在财富生活的各方面做出最优质的选择，帮助客户生活得更充实。帮助客户获得更加宁静的内心可不是21世纪的机器人能解决的问题。

第二十三章
美好生活

我们生活在一个充满无穷无尽的信息，并且不断变化的世界中。我们的客户寻求的是内心的平静，他们想要从所有的信息噪声中找到清晰的观点。如果想帮助客户享受美好生活，并带领他们走上富裕生活的道路，你就必须重新定义客户体验。你与客户的对话除了涵盖传统的投资内容之外，还需要涵盖其他内容。科技让金融服务不断地发生改变，并从根本上改变了客户与顾问的关系，所以只有掌握了统揽全局的方法，顾问才不会被商品化。

在过去 30 年中，我有幸在最佳位置亲眼见证了人们如何追求美好生活。当我还是一名初学者的时候，我曾近距离地观察客户如何获得成功、如何看待退休以及如何做出选择。因为我天生充满了好奇心，所以我会频繁地提出很多问题（现在我也这样）。但在此过程中，有的顾问会问我为什么不讨论主题。是的，他们是对的。我以前确实想知道为什么客户会做出这样的决定，是什么促使他们做出这样的决定，他们又在担心什么。在过去的25年里，我通过不断地提问，不断深入地挖掘顾问的心理，明白了顾问最自豪的是什么，他们犯下的最大错误是什么，他们生活中最关注的人是谁，以及最后是什么促使他们走向成功，过上了一种能以更平静的心态实现更多目标的生活。作为顾问，我们获得的最大满足是实现了自己的目标：让客户在物质生活上过得更好。而顾问面对的最大恐惧则是在有了诸多经历后，最终发现自己是在浪费生命。在《生命安宁》一书中，作者威廉·B.欧文谈了斯多葛哲学中包含的智慧，斯多葛哲学是古罗马最流行和最成功的哲学学派之一，它的智慧和忠告在现代生活中仍有意义。

一切都是旅行

现在的社会让我们相信，自己需要手握百万美元才能过上让自己满意的退休生活，因为我们对一切都要求更多、更新、更好、更快、更大。有人曾预测2017年美国在广告上的支出高达1 820亿美元。手机、iPad、iPhone（苹果智能手机）、电视和你能看到的任何其他地方，都会出现大量广告。帮助你的客户保持平衡，并让他们一直行走在有更多选择的道路上，这需要你为客户找到满足客户需要的东西——一辆跑车，或者其他物品。

什么才是美好的退休生活？很多人需要三年或更长的时间才能完全摆脱工作状态，充分享受休闲时光。最终，这也要看个人对快乐、交流和目标的满足和渴望。作为顾问，你可以给客户铺开一张充满各种可能的空白画布，并和他们合作，描绘他们未来的生活。每个人对快乐的定义都是不同的。美好的生活需要灵活性以及改变方向的愿望，但最重要的是永远不要丧失好奇心。

让你的客户思考下列问题，它们能帮助你引导你的客户走向美好生活：

- 我是在不断学习新事物，体验新东西吗？
- 我是不是和我关心的那些人建立了联系？
- 我花时间做的是我最喜欢的事情吗？
- 我是在帮助别人吗？我是不是为建立更好的世界做出了贡献？
- 我有什么愿望想要达成吗？
- 我的生活充满了冒险吗？

引导你的客户走向美好生活的另外一种方式，就是让客户完成下文中的训练。它们是由劳拉·纳什、霍华德·史蒂文森在《恰到好处的生活》一书中介绍的方法。这个练习能帮助顾问确定客户对成功的定义。

1. 找一张纸，在上面画 4 个彼此相交的圆圈。这些圆圈代表成功的 4 个部分（或 4 个支柱）：成就、幸福、意义和遗产。
2. 在 4 个圆圈上分别标注上述 4 个词语。
3. 把如下 4 个词语，自我、家庭、工作、团体，分别写在每个圆圈中，每个圆圈内只写一个词。
4. 顾问可以帮助客户发现每个类别的理想状态。你要为每一位客户绘制这个图，并帮助他们实现这些目标。这可以帮助你的客户找到他们对美好生活的定义。

客户的年龄不同，成功的支柱也不同，这些支柱也可能随着时间的推移发生变化。顾问在与客户加深联系的同时，帮助客户不断地重复这个练习，也十分重要。

美好生活需要你不断地追寻自己的梦想。美好生活需要让客户聚焦在重要的事情上，不能让环境影响你的生活方式或支配你想要的东西。我总能被那些一直追随自己的爱好和梦想的人吸引和鼓舞，不管他们面临的困难和挑战有多么大。

我曾在位于加勒比海的安提瓜岛度过一个假期，那里的人很友善，绿松石一般的海水能让你倍感轻松。度假的时候，我和女儿比安卡听到一对中年夫妇在用意大利语交谈。我走上前去向他们介绍了我自己和比安卡，从而开启了一次精彩绝伦的谈话。朱利亚娜和罗伯托乘坐的名为“帕蒂男孩”、42 英尺长的帆船刚刚登陆。他们俩已经在海上生活三年了。他们在希腊的一个岛上待了两年，之后又用几个月时间穿过了大西洋。他们俩现在都 61 岁了，一起过着自己梦想中的生活。罗伯托曾做过 40 年的豪华轿车司机，而朱利亚娜是一位独立服装设计师。他们俩各自在之前的婚姻中有自己的孩子，现在孩子们已经长大了。

令人惊奇的是，尽管预算有限，他们还是非常仔细地挑选了一艘属于他们的船。他们选的这艘船的船龄大约 10 年，但各方面状况仍然良好。他们花了好几年时间在意大利附近航行，这样他们可以熟悉自己的船，并为之后两年的希腊群岛之旅积累经验和信心。朱利亚娜很喜欢聊天，而且很会讲故事。听他们说起在路上遇到的那些奇妙的人真是太有趣了。这种对美好生活的热爱极具感染力。他们活在当下，没有让人抓狂的时间表，也没有对物质的过分依赖。

我从中学到的最重要的是，当一个人能控制自己的欲望和合理分配自己的时间时，他才是真正富有的。所以，你的时间是富裕的还是贫瘠的呢？我问朱利亚娜和罗伯托，他们是否错过了或需要某些可以让自己生活得更好的东西，他们回答不需要任何东西。朱利亚娜和罗伯托每天都在欣赏美丽的日出和日落。他们有驶向加勒比海的愿景、信心和目标。事实上，他们从来没打算重返意大利。他们计划未来的15 年都生活在船上，最后定居在一个小岛上，并在海边买一所小房子。我分享这个故事的目的是提醒大家，这两个人是如何每天都保持好奇心，充满激情地生活，摆脱对物质的追求的。试图从更多竞争中获胜的人从来没有真正面对自己内心的魔鬼，很多人还不断地给自己内心的魔鬼提供能量，滋养它发展，并使自己变得贪婪。真正的财富不是我们账户里的数字，而是我们的快乐——让他人的生活变得丰富多彩。

最后，美好的生活需要由你自己来规划。优秀的财富管理团队可以帮助客户量身打造这个计划，但客户的净财富应该由他们自己决定。即便只是想简单地生活在富裕的环境中，客户也要自己做出这个决定。对未来的期望和现状都会一直对这个计划产生影响，情绪跌宕的过山车也是我们旅途的一部分。如果我们有健康的身体、良好的人际关系、不断学习和探索的精神，以及强烈的好奇心，那么我们应该心存感激。

要柔软，不要让世界把你变得坚硬。要温和，不要让别人为难你。要善良，不要让现实生活吞噬你的甜蜜，让你变得无情。

——努鲁丁

为了写作本书，我有幸采访了一些杰出的行业领导者，你可以在书中看到我与他们的对话。我其中的一名采访对象是约翰·海兰，他是私人顾问集团的创始人兼总经理。约翰的故事其实很简单，但他的故事是增长心态的最好例证。他通过行动而不是言语来激励他人。我和他谈论了很多关于愿景和价值的事情，但谈话的内容远不止这些。当谈到有效的招聘、建立正确的文化、向下授权、乐观，尤其是勇气时，他表现得就像一个专家。

瑞克：跟我从头讲讲你的故事吧，从你就业开始讲起，以及你是如何踏入财富管理行业的。

约翰：我 1989 年大学毕业。从一开始我就知道两件事：第一，我不想做销售；第二，我不想进入金融服务业。我不太了解我想要什么，但我知道这是我不想要的东西。我可能不应该跟你说这些，但那时我确实不喜欢做这两件事，因为我不理解它们，这两件事情也不能带给我任何舒适感。我不喜欢销售，特别是传统意义上的销售。1989 年的就业市场非常艰难，所以我开始在美国新泽西州的莫里斯镇调酒，我的父亲是当地市长，也是一个不动产项目的负责人。在一个星期六，我父亲邀请我参加一场慈善垒球比赛。那时我在队里是游击手，一位先生走到我面前，把他的胳膊放在我的肩膀上说："我知道你是帕特·海兰的儿子，也知道你正在找工作。"这位先生就职于 IDS 金融公司——现在已经改名叫 Ameriprise。他问我是否有兴趣成为一名财富顾问。那时我对自己说："我真的不想待在这里，但是他真的吸引了我的注意力。"他很特别。在那个时刻，他让我有了从业的动机。就像我父亲一样，他通过实际行动教导我，对于我来说，这就是最好的学习方法。星期六早上，这位富人坐下来和我一同给客户打推销电话。有多少人会这样做？他就是如此以身作则。

瑞克：1993 年是你事业的转折，之后你都做了什么？

约翰：我那时候成为美国运通金融公司的区域经理，而且是白金顾问。那时，我在管理方面和顾问方面都做得很好。所以我开始更加注重独立、透明和客观。1997 年，我们决定把 LPL 做成最大的自主品牌。当年 10 月，我们搬到了莫里斯镇。LPL 公司从 4 个合作伙伴开始发展，我们继续沿着这条道路前行。

瑞克：刚开始的时候，你们的愿景是什么？

约翰：客户能在这里享受很高的透明度。刚开始，我们决定把公司分成 4 个分支机构。我们这样做是为了保证公司将来的盈利能力。显然，几年后我们就发现这种模式行不通，因为我们一直在做无用功。你应该从我们的失败中吸取教训。那时，LPL 公司的比尔·德维尔打电话说我们需要谈谈，因为我们在合规性方面做得太差了。我们是伟大的创造者，但是我们不擅长建立文档和保存记录。为此，我和我的一名伙伴立刻前往波士顿。那天是 12 月 10 日，正是我的生日。比尔说我们要么换一家公司，要么雇用一个专业的合规人员来执行合规流程。就在那个时候，我意识到我们失败了。多亏了比尔，我们为此改变了既有轨道。我们立即决定聘用合规经理，并在第二天开始了面试。当天，我们就发现了一个合适的人选，他今天仍然和我们一起工作。我们作为一个整体一起工作，而不是分为 4 个单独的分支各自运营。我们意识到我们不能做所有事情。这种模式一直持续了 20 年，直到今天。如果这种运作模式对于我们来说是有效的，那么这个模式应该可以作为一个能为其他顾问提高效率的经典案例。我想告诉你的是，我们的故事不是从灵光乍现开始的，而是从一个模式的失败开始的。

瑞克：这真是非常有趣。很多人都有过失败的经历，但你能诚实地把它讲述出来。从什么时候开始，你们的愿景才真正清晰?

约翰：2005—2006 年是我们的“啊哈时刻”。就在那时，我们的商业模式开始成形。现在，5 个合伙人中的两位的确看到了这个愿景，我们开始把时间和精力投入这个模式。那两位就是我的搭档帕特和我自己。2007 年，帕特和我以及其他三个合伙人对愿景产生了分歧，后来我们买下了其他三人的股份，便分道扬镳了。

瑞克：2007 年，你们旗下有多少顾问?

约翰：我们有一个 20 人的顾问团队。现在我们的市场表现很不错，也有很多机会。我们每年增加 20 到 25 名顾问。

瑞克：只有两个人的时候，你们是怎样招募那么多人的呢?

约翰：帕特和我是非常好的搭档。他很棒，非常能干，我是公司的门面。

瑞克：所以你们肯定请人吃了很多顿饭才招募到那么多人。这个过程肯定很折磨人。

约翰：我很享受这个过程！我非常喜欢和他人建立关系，并始终如一。我相信我们的业务一直都与人际关系息息相关。尽管我们坐在这里的时候，情况一直在发生变化，但业务的核心仍然是人际关系。

瑞克：你是怎么想到参加铁人三项运动的?

约翰：在回答这个问题之前，我简要地复述一下背景。20 世纪 90 年代，我的处境其实很糟糕。1994 年我结婚了。那时候,我每天晚上都要出去喝酒,吃牛排晚餐。那时的我就是一个胖子，不做任何运动，只知道享乐。

瑞克：你为什么决定做出改变？华尔街的其他人都是这么生活的。

约翰：这不是美好生活，因为它失去了平衡。1999 年，我也碰到了自己的“啊哈时刻”！这个时刻发生在一次比赛前——在巨人体育馆停车场里。这听起来很疯狂，但那天的每个人都在谈论铁人三项比赛，因为前一天电视上播放过这个比赛。在我看来，这是一项不可能完成的任务。和我在一起的同伴也在谈论完成铁人三项比赛是多么不可思议，也认为这项比赛真的让人惊奇。我不知道该如何解释，也许因为我喜欢挑战，就在那个时候，我的脑海里闪过一个念头。我是一个行动派，所以我没有和其他人做长篇大论。在停车场里，我告诉自己要完成铁人三项比赛。我没有把我的念头告诉任何人。第二天上班的时候，我在互联网上搜索，发现了第二年 7 月在普莱席德湖村有一场铁人三项比赛。我妻子是我最大的支持者。那个周末我买了一辆自行车，报名参加游泳课。2000 年 7 月，我去了普莱席德湖村，在那里完成了人生第一次铁人三项比赛，那也是我人生的转折点。

瑞克：显然，你进行了非常刻苦的训练。你的生活有了什么变化？转折点又意味着什么？

约翰：事物在取得平衡后就会变得更好，我在人际关系、业务、健康等方面都比以前做得更好了。所以，从那年开始，在接下来的 9 年里，我每年都参加铁人三项比赛。2008 年，我参加了在夏威夷科纳举行的世界锦标赛。真是太神奇了，铁人三项比赛竟然成了我生活中必不可少的一部分，它也让我成为一个更优秀的丈夫和父亲。2009 年，我休了一年的假，因为我觉得亏欠了妻子和孩子们。我问自己："我能后退一步吗？"

瑞克：听说你在2010年生了一场大病，能跟我讲讲吗?

约翰：2010年4月，我接到肿瘤科大夫的电话。其实早在2000年的时候我就加入了白血病协会委员会，因为1992年，我的一位姑妈因患白血病离世。我在2007—2008年担任委员会主席，并参与了很多募捐活动，所以我知道很多关于白血病的知识。我的医生问我能否和妻子到他的办公室去。我回答说我不去，我现在就想知道他为什么打电话过来。很明显，接到这种电话的时候你就知道，肯定有什么事情不对劲儿了。尽管我一直坚持，他还是不在电话里告诉我。瑞克，现在想起来我还会觉得伤心。

瑞克：我知道，这肯定很痛苦。

约翰：医生说我患有急性髓细胞白血病。对于你来说，这个概念可能还有些陌生，但对于我而言，我马上就知道这意味着什么。我问他，我还能活下去吗。停顿了很长时间，医生说还有很多工作要做。我、妻子和我当护士的姐姐立刻就跑去见他。第二天我就接受了这个事实，便立刻开始化疗——急性髓细胞白血病只有18%的存活率。那是我一生中最黑暗的时期。

瑞克：我们快进一下，你是什么时候看到希望的?

约翰：大约30天之后，我第一次入院，他们说我的病情有所缓解，但还要进行5个多月的化疗。在医院的时候，我和我的搭档帕特聊起了我们自己注册的投资顾问执照。可能对于一些人来说，这听起来有些疯狂，但那时我有的是时间思考，我需要有自己的目标。我们想出了公司的名字，准备好了法律文件，然后在2011年成立了私人顾问集团。这就是转折的起点。现在我们关心的是规模，它也是我们现在的愿景。帕特和我关心的是球会飞往哪个方向，而不是球现在在哪里。我们看到了未来，看到了我们可以带给顾问的价值。我们知道，从监管的角度来看，业务将变得更加复杂，而走向独立的趋势也不会停止。因为顾问要处理的事情太多了，我们能提供的价值就是减少一些事务性工作，比如合规、人力资源等，以此帮助顾问们更好地关注客户。我们承受了所有负担，只让顾问保留他们最想扮演的角色，为客户提供建议。我们曾经从顾问的视角看待我们的业务，现在已经变为从客户的视角看待业务了。

瑞克：您从顾问体验转向了客户体验。

约翰：这是一个自然演化的过程。我们有绝佳的团队，帕特和我给了其他人很大的自主权。

瑞克：2011 年，你的身体怎么样了?

约翰：2011 年，我重新站在铁人三项比赛的起跑线上，并完成了一半的赛程。我是和妻子克里斯汀一起做到的。2012 年，我第一次在纽约完成了比赛。2013 年，我回到了夏威夷的科纳，参加了世界锦标赛。这一切仅仅发生在我出院后的两年半之内，要知道我患的是致命的癌症之一。

瑞克：你现在感觉怎么样? 你肯定感觉一切都已经过去了，你还有第二次生命。

约翰：我从不在回忆的时候问“为什么是我”这个问题。我把它看作一种祝福，是我所经历的最伟大的事情之一。

瑞克：癌症如何改变了你？

约翰：2014年，我又当了一次“铁人”，但不知不觉地，在比赛中，白血病又复发了。我在比赛的时候知道事情有些不对，自己的表现也不好。2016年，白血病第三次复发。急性髓细胞白血病的存活率只有约20%。很少有人在三次患病后还能活下来。

瑞克：你是怎么熬过来的？对于你和你的爱人来说，这太艰难了。

约翰：这很艰难，我仍然处在痛苦之中。医生在2016年8月宣布我的病情再次缓和。我现在每周都会去看医生。

瑞克：癌症会改变你看待事物的方式吗？

约翰：当我回顾我的生活时，我真的不想改变任何事情。我对我的生活很满意。变化的是生活的焦点，它变化得很快，真的很快。我过去一直关注的那些我认为重要的事情发生了变化，现在我开始关注真正重要的事情。我开始分配自己的时间。我们都说某些事情对我们很重要，但是我们的时间安排却并不总是与之一致的。我现在把它校准得更好了。人们总说“我爱我的家人”“我爱我的孩子”，但现在我能花比以往更多的时间与他们在一起。现在我会有意识地安排时间，我知道该如何利用我的时间和才华。当市场走下坡路，我的投资组合损失了20%的时候，我也不会认为这是多大的事情。任何钱可以解决的事情都不是问题，这是我的准则。当你被诊断出像癌症这样的病症时，你就会发现没有什么事情是真的重要的。

瑞克：当我失去母亲的时候，我的世界和视角都发生了改变，我对那些虚伪的人的容忍度降低了，我的世界缩小了。那么你现在如何处理人际关系？

约翰：是的，这是关于质量与数量的较量，以及如何分配时间的问题。我很清楚，并能理解什么是真正的问题，什么不是。没能在航班上升舱并不是什么大不了的问题。

瑞克：这真是一个令人难以置信的故事。你现在如何在健康、家庭和事业之间找到平衡?

约翰：你应该听过这句话，“这和钱没有关系”。当我这么说的时候，我真的认为这和钱没有关系。这是我基因里面的话，是内在的驱动力，它不会因为生病而消失。所以对于我来说，向着你的愿景持续前进才是最重要的。不管今天我在哪里，我都必须像没有生病一样继续生活。每隔一段时间，我都会重新考虑退休的想法，但我同时也相信自己的生活将会因此有一个巨大的空洞。

瑞克：当你回顾你的成功时，你最后闪现的念头是什么?（当我提到约翰成功时，他感到很不自在。）

约翰：事情都解决了。我不太理解成功,我还不知道它到底是什么意思。

瑞克：你的下一步计划是什么?

约翰：我要回到普莱席德湖村，参加半程铁人三项赛。

回　馈

根据定义，慈善是一个人或一个组织，通过捐助等行为为他人谋求福利的行为。每个收入阶层的人，每年都会捐出很多钱支持这项伟大事业。事实上，根据《美国捐赠》60 周年纪念版的统计，美国人在 2014 年捐出了大约 3 583.8 亿美元的慈善基金。这个数额略高于 2007 年的 3 551.7 亿美元（据通货膨胀调整后）。

但是，对智慧和知识的传承比简单地签一张支票更有影响力。最简单的做法，我们也可以通过留下一栋房产或建立基金会的方式留下遗产。我认识的一些人在 50 多岁和 60 多岁的时候，仍在花时间指导年轻人，他们通过在大学里演讲以及与各种慈善机构合作来为那些迫切需要的人传授专业知识。如果我们有幸能改变世界或改变一个人，那么让他因为我们而变得更好一点儿吧。我们为什么不全身心地投入其中呢?

我们往往热衷于追求那些早年间就抓住我们眼球的东西。我在大学里意识到，华尔街是我想要去的地方。我想成为企业家，创造自己的财富，并帮助他人实现他们的财富目标。但我犯了一个又一个错误：我缺乏信心，我不知道如何跟进，我不知道如何建立人际关系……因此，导师在我的一生中扮演了非常重要的角色。

毫不意外，现在我想帮助未来的行业领导者创建正确的且可以实现梦想的路径。投资于未来的领导者对经济和全人类都有好处。我在大学开设了一系列讲座，帮助学生与行业领导者建立联系，为这些学生提供建立竞争优势方面的建议和策略。

我的建议是，你如果觉得自己具有一些独特的天赋可以帮助别人，最好现在就开始行动。你可以改善别人的处境。

金钱只是一种工具。它可以带你到达你想去的地方，但它永远不会代替你成为司机。

——安・兰德

总　结

你可以自己选择态度的力量，也可以选择增长心态。不要让恐惧阻碍你前进的脚步。“今天我幸运地活着，我还有宝贵的生命，我绝对不会浪费它。”对于许多人来说，我们有能力选择幸福，战胜绝望，成为我们自己命运的创造者。真正可怜的是那些对环境没有选择的人。我们很幸运地在一个可以帮助那些不幸的人的公司工作。财富管理行业的未来将发展得比以往任何时候都快。咨询业务将继续发展壮大，我们的客户也变得越来越成熟，因此他们需要值得信赖的、有能力的、总是把客户的利益放在首位的顾问。那些能够适应工作、表现出色的领导者和顾问将会赢得更多业务，并塑造行业发展的模式。最后成功的人是那些一直学习的人，那些永远不会失去对周围世界的好奇心的人。路线图很简单，但认知和行动是两回事。你应该以这样的方式开始自己的旅程：

- 建立自己的愿景，明确你的目的地。

- 不要在生活中失去控制，不要像梦游一样生活。
- 意识到你的信念可能是阻碍你前进的因素。
- 尝试在生活中不留遗憾，因为最后没有人会关心这些。
- 了解你能控制什么，你不能控制什么。
- 生活在充满可能性的世界里，而不是处处受限的世界中。
- 总是把客户的利益放在别人的利益之上。
- 享受踏上旅程的过程。
- 永远不要损害你的正直之心。
- 在恐惧和焦虑中寻求成长和幸福。

真正令人尊敬的并非那些评论家，以及那些指出强者是如何跌倒、实干家本该做得更好的人。荣誉属于那些亲临竞技场，满脸污泥、汗水和鲜血的人。他们不懈地努力，他们曾犯过错，并一再失败。因为付出即意味着犯错和失败。他们满怀激情地努力做事，坚持不懈，将生命奉献给崇高的事业。他们为经过艰辛努力最终取得的伟大成就而自豪，如果失败，他们虽败犹荣。因而，这样的人永远不应该与那些不知道胜利，也从未失败过的冷漠而胆怯的灵魂相提并论。

——西奥多·罗斯福

你参与了这场领导力对话，表明你渴望提高自己的业务能力，并有更宏大的生活目标。随着财富管理行业的不断变革，这些特点能持续给你提供帮助。技术将继续改变客户与我们互动的方式、客户的选择以及我们业务的基础。在这个持续不断的过程中，我们借助的工具、我们的角色、我们的服务和支配我们的规则都将改变。基本上，除了伟大的领导者应具备的素质和领导力对组织或顾问成功的重要性外，一切都会改变。领导不是一件容易的事。它需要强大的个性、奉献精神以及对个人和业务愿景的执行力。它要求你每天都充分展示自己。它需要一种增长心态。

人类的思想，一旦拓展出一个新的想法之后，就永远不会回到原来的维度。

——奥利弗·温德尔·霍姆斯

致 谢

本书源于我一直以来的学习、思考、阅读，以及与那些业内成就颇丰的行业领袖共事的经历。本书的核心是，在我大学毕业之后，我是一个不断观察、学习他人业务表现的学生。在过去的 30 年中，我一直在华尔街的竞技场上，和那些赢家、输家以及我自己犯下的错误博弈。斗争在我们身上留下了深深的伤疤，但也让我们不断精进。当我回顾以往的时候，我能从那些给我的生活施加影响、帮助我塑造人生哲学，以及扩展财富管理业务的人身上获得灵感与启发。创作本书对我来说是一项巨大的任务，也是一件令人愉快的事情，但我短期内也不会匆忙地再写其他书。创作一本书最大的挑战之一就是作者需要写出最好的内容，因此我也在尽可能地关注非常小的细节。但是，我仍然没办法舒服地交稿，对自己说工作完成了。这就像画一幅风景画一样，即使在完成画作多年之后，你都会觉得多画一笔会让画面有所改观。因此，在修改了 3 万字之后，我仍然觉得本书没有完结。写作是一种孤独的活动，是在群体面前发表演讲的一种很好的补充，但我仍不得不承认，比起坐在办公室里面敲下一个个字母，我更喜欢和一群有着增长心态的行业领导者坐在一起，讨论生活和业务。正确的人会赋予我能量、灵感和激情。我承认，作为一个专业的演说家，我总是在寻找那些更有效、更有说服力的沟通方法。

在写作过程中，最有趣的事情就是我有机会见到很多素未谋面的行业领袖，还能和我的老朋友重新取得联系。我很感激我的家人、朋友，感激他们给予我的支持、回馈，这些支持和回馈能让我脚踏实地地工作。感谢我的女儿比安卡和埃米莉亚，她们给我的生活带来了极大的乐趣，我很庆幸能和她们分享生活中的点点滴滴。感谢我的兄弟埃吉迪奥和我的姐姐乔维娜对我的支持。感谢我的妻子芭芭拉，她总是全力支持我的冒险之心和我的梦想。

我很感谢这些年所有与我共事的顾问。本书的创作离不开他们的友谊、支持和灵感。感谢鲍勃·邓伍迪、乔·格拉内、吉姆·卡尔博纳罗、蒂姆·乌尔西尼、亚历克斯·默里、乔纳森·克雷西、拉夫·金斯顿、约翰·克里斯蒂安娜、蒂娜·鲍威尔、凯文·辛卡维奇、约翰·德克尔、卡里·格林斯潘、锡德·奎勒、马克·卡萨迪、戴夫·凯利、考特尼·麦奎德、克雷格·法伊弗、丽萨·卡诺伊、里奇·德拉戈塔、托尼·达维多、约翰·海兰、艾拉·沃尔夫、斯泰西·格伦布斯基和詹尼弗·斯坎克。同样，感谢约翰·威立公司的团队，他们给我提供了最佳的支持与协助，团队成员包括朱莉·克尔、迈克尔·亨顿、加亚特里·戈文达拉扬、朱迪·豪沃思、比尔·法伦和谢利·弗兰纳里。

最后我恳请那些协助我完成本书但没有被一一提到的人原谅我的不周。